# 億女が借金彼氏を"お金持ち体質"にした話

資産がみるみる増えていく43のレッスン

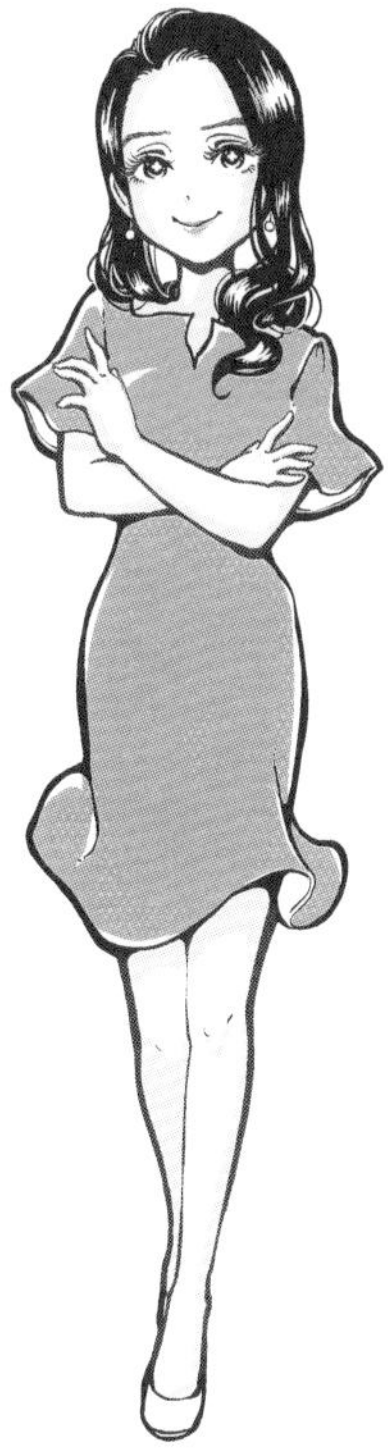

億女OLあい

OKUJO OL AI

大和出版

プロローグ

# 不動産で億女となった私が選んだ彼は、借金持ちの訳有り物件でした

はじめまして、億女ＯＬあいと申します。

私は不動産で億超えの資産を運用しているＯＬだったことから、この名前で活動を始め、主に女性の精神的・経済的自立についてＳＮＳで情報発信をしています。

え？　億とか言っちゃってる遠い世界の人の話は参考にならないから、ページを閉じる？

今、読者の皆様と急激な距離を感じましたが、大丈夫です。戻ってきてください（笑）。

２０２１年末には会社員を卒業し、今でこそ港区のタワーマンション住まい。サイドＦＩＲＥという形で、好きな時に好きな場所で好きな仕事をする生活を送り、本書

もワーケーション中のハワイで執筆しています。

……が、私自身、高給取りの職についていたわけでも、代々続く資産家の令嬢だったわけでもありません。普通のＯＬとして、毎月の手取りは20万円ちょっとでしたし、「月にあと5万円でも副収入があればいいな」と願う、本当に量産型の女子でした。

最初の転機が訪れたのは、社会人5年目の時。夢を抱いて新卒で入社した会社で私はいつまでたっても出世できず、社長賞を受賞したり、若くして役職についたりと、キラキラ活躍する同期と比べて、完全にくすぶっていました。

その一方で、「もし今後もひたむきに頑張って、役職について活躍できたとしても、月に数万円の役職手当が上乗せされるだけだなぁ」と、現実を悲観もしていたのです。

しかも、女性の先輩社員はみな仕事・家事・育児に振り回されて、見るからに疲労困憊。「仕事もプライベートも充実させる」という、かつて私が夢見ていた「10年後のなりたい自分の姿」を実現している人は誰もいませんでした。

「このまま歯を食いしばって働いても、将来なれる姿はあれなんだ……！　ワーキングマザーなんて絶対無理だし、出世したって、その分得られる収入と引き換えに責任やストレスが増えるとなると、割に合わなすぎる！」

そう気づいた時、言いようのない絶望が私を襲いました。

私はこんなことのために生まれてきたわけじゃない！

そこで、大学生の時に読んで「労働以外にも収入を手に入れる方法があるんだ！」と衝撃を受けたロバート・キヨサキ氏の書籍『金持ち父さん 貧乏父さん』を思い出し、一念発起することにしたのです。

**まず、経済的自立を目指して投資スクールに通い、お金の勉強を始めました。**

昔からお金について学ぶことは好きだったので、愛読書はマネー誌一色！

ただし、私はもともとズボラで大雑把な性格でしたし、数字も苦手なド文系。家計簿をつけたりするのも苦手なため、過度な節約は一切しませんでした。

節約を推奨している書籍は男性の著者が多いと思うのですが、美容やファッションといった外見にも気を遣う女性には、無闇な節約は向いていないように思います（私自身、美容にも無頓着なズボラ女子ですが）。

そして、不動産を中心に投資を始めていく中で、**「お金は楽しく増やせる！」**ということに気づき、現在に至るまで実践を続けてきました。

ところが、私は大学から上京したとはいえ、もともとは超保守的な瀬戸内海沿いの田舎町に生まれ、公務員の両親の下で育つという環境下にいたわけです。

経済的自立を目指しながらも、「いい大学、いい会社に入って、いい条件の人と結婚すれば、幸せになれる」と、これまで無意識に「社会的にいいとされるルール」を選択しながら生きてきました。

結果、私は「30歳までに結婚しなきゃ病」に罹患し、いわゆる三高男性（高収入・高学歴・高身長）といった条件を重視して、婚活に苦戦しながらなんとか結婚。

しかし、初めての結婚生活は、超几帳面だった前夫とのあまりの方向性の違いに、メンタルがボロボロになり、逃げるように離婚。1円単位割り勘男が、2次元の世界以外で本当に存在したことに驚愕しました。

そこで、「安定した職に就いて堅実で高収入な人と結婚する」という、親世代から譲り受けた“架空の幸せの教科書”はもう必要ないんじゃないかと我に返ったのです。

経済的自立を目指していたはずなのに、どこかで結婚相手に経済的に頼ろうとしていた自分に気づいてしまった。でも、収入ありきで結婚しても、パートナーの会社の倒産やリストラ、または離婚や死別など、さまざまなリスクが存在します。

「会社にも旦那さんにも依存せず、精神的にも経済的にも自立した自分の人生を生きよう！　自分の身を守れるのは自分だけだ！」

そう心に決めたことが、２つ目の人生の転機となりました。

そして、次に付き合ったのは……借金持ちの同僚、健一君でした。

男運なさすぎやろ――!!（笑）。

付き合って最初のデートの時に、「弟にキャッシュカードを預けられている」と聞き、「あなたの経済状況、どうなってるの？」と問い詰めたところ、借金があることを白状したのです。

クリスマスも近く、たくさんのカップルで浮足立つ六本木の喫茶店で、債務額と月の収支の詳細を詰問される彼……はたから見ると、地獄絵図だったことでしょう。

「浮気と借金は治らない」――そんな言葉も脳裏によぎりましたが、一方でこうも思ったのです。

「そうだ、『お金を楽しく増やすこと』は誰よりも実践してきたし、彼に正しいお金の増やし方を私が教えていけば、変わるかもしれない……！」

前回の結婚のことも踏まえると、年収や資産額ではなく、「人間性」や「伸びしろ」

を見ていこうと決めていました。

そう、お金はないけどめちゃくちゃ優しい彼は、ズボラで女子力低めな私を世界一素敵な女性だと、大事にしてくれる人だったのです（ちなみに、彼の好きな女性のタイプは芸人の鳥居みゆきさん。私は彼の目にどう映っているのでしょうか……）。

加えて、私が実はこっそりとお金持ちになっていることは、今まで仲のいい友達にすら、話したことがありませんでした。会社でも、私が不動産投資をしていることは誰にも伝えていません。

日本ではお金のこととなると公の場で話すのは何だか憚《はばか》られますし、まして女性が「投資好き！」だなんて、現在もなかなか言いづらい状況が続いています。

ただ、誤解を恐れずに言うと、常々私は疑問に思っていました。

「自分と彼らの、どこがそんなに違うんだろう？」と。

月末になると「お金がない！」と騒ぎ出す同僚を横目に、我慢や節約をせずに、好きな時に旅行に行ったりしても、私には十分貯金できる余裕がありました。

これまで大好きなお金の話ができなかった中で、「自分がやってきた方法を誰かに伝えてみたい……」というのが密かな願いでもあったのです。

また、これまで私が実践してきたことを伝授して、借金7桁超えの彼が変われたら、それは誰にでも再現性があるということ……!!

そうして、当初はマネーリテラシーがなさすぎて、リボ払いで借金がかさんでいた彼に、「お金を増やすマインドと仕組み」をイチから叩き込んでいくことにしたのです。

すると、赤字だった彼の家計は瞬く間に黒字に転換、7桁あった借金も1年で完済。貯蓄もできて、余剰金を投資にまわせるように！

不動産投資家としては絶対に手を出さない「訳有り物件」だった彼は、私が思っていた以上の成果を出し続け、ただの優良物件へと変貌を遂げたのです。

——お金を増やしていくには段階があり、一足飛びにしてはいけない。

これは、気づけば30代半ばで金融資産は3000万円超え、不動産では総投資額1億7000万円超えという、もはや普通のOLとはいえない大きな資産を作り出した私が、10年以上お金の学びを実践してきた中で、気づいたことです。

ステップを理解し、その通りに進んでいけば、誰でも「お金持ち体質」にはなれます。そして先ほどお伝えした通り、これは彼（現在は夫に昇格）で実証済みです。

ここで自信をつけた私は、お金の勉強をしたことがない人に向けて、お金に対してのマインドを切り替え、ゼロから投資ができるようになるまでを学ぶ、『億女が教えるお金の学校』を開講し、講座生さんたちに教えるということもしています。

そして彼ら、彼女らにも同じように実践いただいたところ、

「万年、赤字家計だった家計が初めて黒字に！」

「買い物に無駄がなくなり、『お金は育てるもの』という意識に変わりました」

「お金について考えることで、物の見方や人生観が完全に変わりました！」

「投資は怖いと思っていた意識が変わり、初めて投資できるようになりました！」

……と、嬉しいお声が続々と寄せられております。

本書では現夫、健一君に伝えたお金を増やすステップに則りながら、お金持ちになるために持つべきマインドと、その具体的な手法をお伝えしていきます。

さらに後半では、私が資産を爆発的に増やすことができた不動産投資についてもご紹介してまいります。お金持ちへ踏み出す一歩として、ご参考となれば幸いです。

ちなみに、夫は今も私の総資産額は知りません。ですので、読者の皆様と私だけの秘密にしてくださいね（笑）。

それでは「億女」と「借金男」の壮大な実験の成果を、見届けてください！

億女ＯＬあい

## 億女が借金彼氏を“お金持ち体質”にした話　目次

チャプター 2

# お金を捨てない

## ――収支管理の基本を身につける

チャプター 3

# 落ちているお金を拾う

――現金以外の価値にも目を向ける



チャプター 4

# お金を増える場所に置く

――貯金体質から投資体質にシフトする

チャプター5

# 増えたお金を再投資する
## ――不動産投資で大きな「豊かさ」をつかみ取る

本文レイアウト……山田知子＋門倉直美（chichols）
本文イラスト…………畠山モグ
本文DTP……………システムタンク　白石知美　安田浩也

チャプター

1

# お金を増やす

——鉄壁の意識と知識の土台を作る

12月某日

# 冬

## お金がほしいなら、まず何をする？

ねぇ健一君。私ね、借金がある人とはそもそも結婚できない。
ていうか、1年以内に返済できなかったら、別れるからね！

ゴフッ……（飲みかけのクリームソーダを噴き出しちゃった……）。
なんとかしなくちゃとは思ってたんだけど、どうしていいかわからなくて。

まず考えてほしいんだけど、健一君の中でお金は「減る物」になってない？

えっ、そんなの当たり前だよ。給料日前はいつもカツカツだし、それ以外の捉え方なんて、存在する？

お金はね、私の中では「増える物」なんだよ。これから教える、お金を無限に増やす5つのステップ通りにすればね！

え？　何それ？　教えて教えて!!

ふふふ……私が10年以上の歳月をかけて検証してきた内容を、特別にレッスンしていくから、ちゃんと実践していってね！

もちろん！　なんでもやります！（このままだと結婚できないのではと思っていた僕が、お金も彼女も手に入れられるなら、頑張る以外の選択肢はないよ！）

まずね、①お金に関する「意識と知識」の土台を築く↓②お金を捨てない↓③落ちているお金を拾う↓④お金を増える場所に置く↓⑤増えたお金を再投資する。この通りに進めば、どんな人でもお金に困らなくはなるんだよ。

ごめん、スワヒリ語か何かにしか聞こえなかった……。

しょうがないなあ。じゃあ、次のページから詳しく解説していきます！

あいちゃん、誰と話してるの？

レッスン 01

# 稼ぐよりも優先的にやるべきことがある

「お金を増やそう！」と思った時に、皆さんはどんなことから始めますか？　投資でしょうか？　転職でしょうか？　はたまた、日本イチ当たると言われる銀座の宝くじ売り場に並びますか？

会社員の本業以外に、副業として投資と起業で収入をアップさせてきた私ですが、ここで断言します。

まずは、**お金に対して正しい「意識と知識」を身につけてください。**

これだけは、絶対に必要な標準装備です！　これがなければ、いくら稼いでも増やしても、お金がザルに水を入れるように手元からこぼれていき、現状を変えることができません。

では、お金に対しての正しい「意識」とは、なんだと思いますか？

私の場合、「お金は豊かさをもたらすものである」という認識だと定義づけています。

「そんなのわかってるよ！　だからお金がほしいんだって！」という声が聞こえてきそうですが、そう思いながら、あなたは今、十分な豊かさを手に入れられていますか？

願っているのにその現実が訪れていないのであれば、本心からそう思えていないということにほかなりません。

ここで覚えておいてほしいのが、顕在意識と潜在意識の関係です。

自分が認識できる「顕在意識」と呼ばれる領域は、たった5％といわれています。

そして残りの95％は「潜在意識」と呼ばれ、無自覚な領域ではあっても、人のほとんどの意思決定に影響しています。

では、どうやったら「現状のお金に対しての潜在意識」に気づけるのでしょうか？

ぜひ、あなたのご家庭でご両親が「お金に対して発していた言葉や価値観」を思い出し、書き出してみてほしいのです。

というのも、自分の意識は、育ってきた環境と直結します。

その言葉はあなたの脳裏に刻み込まれ、いつの間にかあなたも同じ意識でお金と接するようになり、結果的にご両親と同じような経済状況になっている可能性が高い。

口には出していなくても、両親がお金のせいで苦労していたなぁ……と、そんな光景が思い浮かぶ方も同様です。

ちなみに健一君の家庭では、「高級マンションに住んでいる人は悪いことをしている人」「投資は危険だから、絶対に手を出してはダメだ」といった言葉が飛び交っていたそうです。事実、彼の中で「お金＝自分を困らせる物」になっていました。

もし「もしかしたら悪い価値観も引き継いでいるかもしれない」と気づいたなら、その呪いを捨てていきましょう。私の場合、書き出したものに斜線を入れ、自分が取り入れたい価値観に書き直しています。

長年培ってきた思い込みは一朝一夕に変わるものではありませんが、**「気づく↓手放す」を繰り返すことによって、お金に対しての意識は少しずつ、変わっていきます。**

まとめ

一攫千金を狙う前に、
お金への正しい意識を持てているか振り返ろう。

レッスン 02

# そもそも、お金持ちの子は、なぜお金持ちなのか？

「お金持ち」、この言葉を聞いて、どんなことを思い浮かべますか？

例えば「成金」と聞くと、なんだか金ピカの宝飾品を身につけた、人を人とも思わない悪い人を思い浮かべる方も多いかと思います。

ですが、「成金」の本来の意味は将棋に由来します。1マスずつしか前に進めない「歩兵」が、相手の陣地に飛び込んだ時に全方位に進める「金」に格上げされること。

そこから転じて、一代で財を成した人をこのように呼びます。

私は、一歩ずつ着実に歩みを進め、怖くても見ず知らずの世界に飛び込んだ者を成金と呼ぶのであれば、成金上等、いい言葉だとさえ感じます。

言葉って面白いもので、定義1つで印象は全く変わります。潜在意識としてご説明しましたが、悪いイメージを紐づけていると、本当は求めているものであっても、無意識に避けてしまう可能性があるのです。

「お金持ちは悪い人」というのは幻想で、本来お金を生み出せる人こそ、世の中に喜びを増やせるからお金が集まってくる。それに、お金を稼ぐほど、納税することで国に貢献できるし、寄付でも社会貢献でも、選択肢がどんどん増えていきます。

お金持ちほど「お金が好き」と公言しますし、子供に対しても堂々と家庭内でお金の話をする人が多い。

「お金は汚い物！　お金は苦労の対価！　お金持ちは悪い人だ！」と聞かされ続けた貧乏マインドの家庭と、**「お金は素晴らしい！　お金は喜びを集めた物！　お金持ちはいい人だ！」**というお金持ちマインドの家では、子供がどのように育っていくかは、火を見るより明らかですよね？

親の金融資産よりもこのお金への意識こそ、最高の資産といえるかもしれません。

**まとめ**

**お金持ちとは本来、世の中の喜びを集めた証拠。お金に対して正しい意識を持つことが最大の資産となる。**

レッスン 03

# 自分の「お金の器」に合わない大金は異物になる

あなたは、「1億円あげる」と聞いて、今すぐ飛びつけますか？

「ほしい！」と口では言ったとしても、実際に渡されるとなると、「やっぱり怖い！」が先にくるのではないでしょうか？

宝くじに高額当選して不幸になる人も多いといわれるように、予期せぬ大金は「異物」でしかないため、人は自分の「お金の器」を超える金額を手にすると、取り扱い方法がわからず、無意識に全力で排除してしまうのです。

**対策としては、まずは大金そのものに慣れること！**

私も初めて不動産を買った時は、決済の場所に現金で100万円持っていくだけで、怖くて怖くて喉がカラカラになり、変な人に出くわさないよう、誰とも目を合わせずに鞄を抱きしめて、電車に乗ったものでした。

誰かに見られたら「お前が不審者だよ」と思われたに違いありません。

それが、だんだんと何千万という物件を売買するようになり、数百万円を現金で持っていても、涼しい顔でコーヒーが飲めるようになりました。と同時に、入ってくるお金の額もどんどん上がっていったのです。

つまり、「怖くない！」と思えて気軽に持ち歩ける金額こそが、あなたが今持っている「お金の器」の上限です。


例にもれず、健一君も「大金＝怖い」というイメージを持っている人でした。

そこで、彼には大きな金額に慣れてもらうために、神棚に札束を１００万円分飾ってもらいました（本物の1万円は一番上だけです）。

たとえフェイクの札束だとしても、日常の中で「お金があるのが当たり前の状態」ができあがると、大きな効果をもたらします。


さらに、大金に対してのイメージをよくするのに、おすすめは「1億円ゲーム」。

「もし1億円が手元にあったら、何をしたいか？」と、今の常識や限界を取っ払ってワクワク連想するゲームです。

彼とよくやるのですが、パートナーがいる方は、「あれほしいね。ここも行きたい！」とお酒でも飲んでリラックスした状態で、お互いを否定せず、夢を膨らませてみてください。自分で自分に語りかけながら自由に書き出してみるのもいいですよ。

お金で幸せは買えないと言いますが、お金で大抵の夢は叶いますし、多くの問題も解決してくれます。お金が幸せを運んでくれることに気づけば、大金を持つことへの悪いイメージは払しょくされていきます。

まとめ

「大金を持つ自分」に慣れて、お金の器を広げよう。

レッスン
04

# 「お金は減らない！」と心得る

そもそも、お金って、なんでしょうか？

私の場合、先ほどもお伝えした通り、あくまでも「豊かさをもたらすもの」「豊かさと交換できるツール」だと捉えています。

つまり、**「お金を払う＝同等の豊かさを得る」**という純粋な1つの交換であり、そこに増減はありません。

例えば、海外旅行に行った時に、銀行口座と睨めっこして、「いつの間にかこんなに減ってる！」と捉えるか、「お金さんのおかげでこんなに楽しい経験をさせてもらえてありがとう！」と感じるかで、使ったお金は同じでも、雲泥の差が生まれます。

前者は前提が「不足」なので、お金を使えば使うほど「足りない！」という不安が拡大していきます。**後者は前提が「充足」なので、「お金を使うと喜びと感謝に等価交換している」という感覚を得られます。**

感謝は感情の中でも最もパワフルに作用するといわれています。

正直なところ、昔はマインド系のお金の本によく出てくる、「お金に感謝しましょう」というフレーズに、「ハア〜⁉」と私も半信半疑でした。

ただ、「お金を払う」という行為は、1日でも数回……人生レベルで見るとものすごい回数になってくると思います。何万回と「不安」を受け取るよりも、「感謝」を感じられるほうが確実に豊かさは巡ります。

また、さらに感謝を感じる方法として、ペットボトルの天然水1本買うのにも、自分1人の力で手に入れようとすると、どうなるか、想像してみてください。

容器を持ってアルプス山脈まで水を汲みに行って……と、ちょっと無理がありますよね？　たくさんの人が関わってくれたおかげで、100円程度で手に入る。

ぜひ、感謝の気持ちでお金を払い、それによって得られた豊かさを言語化して感じる……をやってみてください！

まとめ

**豊かさを享受し続けるために、感謝の気持ちを持ってお金を送り出そう。**

レッスン 05

# アドバイスのもらい先は厳選しよう

同調圧力の強い日本では、「空気を読みなさい」「みんな仲よくしましょう」……そんな教育を受けがちです。出る杭は打たれるので、「出ないように頑張る」という人も多いのではないでしょうか？

ここで知っておいてほしいのが、**資産1億超えの富裕層は、日本だと約2.3％**ということです。つまり、43人のクラスに約1人の割合……。常識の中だけで生きていては、普通の人生を普通に送るだけ。もし、もっとお金持ちになりたいと願うのであれば、42人に同調せずに生きていくことが大事なんです。

そして肝心なのが、約2.3％の人を目指したとして、さらに、**アドバイスをもらう人を間違えないようにする**、ということ。

私の場合、お金はあっても忙しすぎて家族をないがしろにするような未来は望んでいなかったので、お金持ちで時間持ちなメンターの方々を選んで師事してきました。結果、お金にも時間にも恵まれ、パートナーシップも良好という未来を叶えたのです。

となると、何か新しいことを始めようとする時に必ず出てくる、「家族・知人に反対されました！」というのも、ことさら意味をなさないことに気づけるはず。

**その人は、あなたの行きたい未来を叶えていますか？　もしそうでなければ、それはただの雑音でしかないんです。**

成人してからの意思決定は、すべて自分ですべきだと思っています。私は会社をやめたことすら、1年くらい経ってから親に伝えました。

誰かに反対されたからとやめてしまうようなことであれば、しょせんそれまで。反対する人が現れたら、「今、試されている！」と思ってワクワクするようにしましょう。

忘れがちですが、人間の致死率は１００％です。外野の他人に時間を割くほど人生は長くありません。自分の叶えたい未来に全集中していきましょう。

まとめ

**行きたい未来を叶えている人にアドバイスをもらい、それ以外は雑音と心得る。**

レッスン 06

# これが、お金を増やすための絶対公式

最後に、お金への正しい「知識」です。

ある自己啓発セミナーに参加した際、衝撃の光景を目にしました。

同じチームになった女性が、「『臨時収入が来ますように』って毎日ノートに書いているのに、ぜんぜん来ないんです」と真剣に悩んでいたのです。


**目を覚ませ〜〜〜!!**


往復ビンタしたくなる衝動を必死にこらえました。

幸いオンライン講座だったので、「頑張ってください♡」とニッコリほほえんでことなきを得たのですが、いわゆる「引き寄せ」や「エネルギー」を高める「だけ」で本当にお金が増えると信じている人がまだまだ大勢いるんです。

もちろん、そういった目に見えない力を借りることも大事ですし、昔の私なら「怪しい……」といぶかしんだに違いない「潜在意識」の話も同様です。

ただ、引き寄せを願うよりも、資本主義社会を生きていくうえでは「どうしたらお金が増えるか？」の原理原則の知識を得て行動していくほうが、よっぽど早いです。

その原理原則とは、**「（収入―支出）×運用の％」**です。

支出を減らし、**収入を増やし、その差額で手元に残ったお金（種銭）を元に投資先を厳選していく。**たったそれだけのことです。当たり前ですよね？

「手元にお金が残らない、増えていかない」という方は、このどこかでつまづいているということ。

うちの夫ほど、何もできていなかったという人は少ないかもしれませんが、それでもどこか取りこぼしていることが多いのも事実です。

そこで、チャプター2からは取りこぼしを防ぐ方法を解説してまいります！

まとめ

**臨時収入を願うよりも、お金の勉強をするほうが現状を変えられる。**

レッスン 07

# 「将来が不安です！」はこうして覆す

お金についての情報発信をするようになってから、「将来へのお金の不安が消えません！　どうしたらいいですか？」というご相談を受けることが多くなりました。

大前提として、人がなぜ不安になるかというと、「知らない」から。

「未知」に対してわからないからこそ、不安になりますし、脳科学の側面からも日本人は「不安先行型」の人が多いといわれています。

**ということは、お金に対しての正しい「知識」をつけていけばいい。**

アテにはできないですが、このままだと将来年金はいくらもらえるのか？　会社員の場合、退職金はどのくらいなのか？　各ライフイベントでどのくらいの出費が必要なのか？

きちんと調べて、ライフプランシミュレーションをして可視化していくことで、収入から不足する具体的な金額がわかり、対策がとれるようになります。
「ライフプランシミュレーション」と検索するだけで簡易チェックができるサイトは多数存在しますし、ファイナンシャルプランナーさんに一度見てもらうのも手です。

また、大切な考え方として、「**将来の自分をもっと貧乏になる前提にしないこと**」。

私の実家も夫の実家も、いわゆる一般的な中流サラリーマン家庭で、世帯収入はそれほど変わりませんでした。ただ、私の両親は若い頃からお金について学び、投資を実践、自分達で老後に不安がないくらい、きちんと資産形成をしてきていました。

一方、彼の実家では投資などは一切してこなかった結果、老後資金が不安だと彼が多少なりとも実家に仕送りをしていたことも、彼の家計圧迫の一因でした。

**両家の未来を分けたのは、お金について日々学んで実践してきたかどうか**……これに尽きます！

もちろん、これから日本社会や世界経済がどうなっていくかはわかりませんし、暗いニュースに肩を落とすこともあるかと思います。

よく投資の話となると、「リスクってないんですか？」と顔を曇らせる人がいるのですが、**「現状維持で何もしない」ことが一番のリスク**です。

1つ学んだら1つ実践してみる。そして、それを書いて記録に残す。

そうすると、自分が日々成長していることを実感できます。

**「今日より明日の自分のほうが成長して豊かになっているし、老後である数十年後なんて、もう超豊かになっている！」**

そんなふうに、もっと自分の人生を強く信じてあげてほしいなと思います。

38ページでは、チャプター1をふまえた健一君のつぶやきを聞いてみてください。

まとめ

**将来の不安を案じるより、学んで実践して、未来の豊かな自分を信じよう。**

## お金が増える5STEP図式

**STEP 1** お金に関する「意識と知識」の土台を築く

↓

**STEP 2** お金を捨てない

↓

**STEP 3** 落ちているお金を拾う

↓

**STEP 4** お金を増える場所に置く

↓

**STEP 5** 増えたお金を再投資する

コラム

## （1）

## 「お金持ちになりたい！」と思うことから始めよう

あ、これ、僕も本に登場してるんですね？

どうも！　元リボ払い借金男、お金の知識がなさすぎて、「リボ払いという画期的なシステムをなぜ全国民が使わないのか？」と本気で思っていた健一と申します（勉強した今なら、リボ払いは元金が減らない悪魔の高利借入制度なので絶対に使いません！）。

あいちゃんと付き合い始めてから1週間で、お恥ずかしながら僕の全収支・借金の状況を晒すことになり、冷や汗の出る思いでした（交際初期は、まだまだ彼女に全力でカッコつけたい時期ですよね？）。

「よく彼女にお金の指導を受ける気になったね？」と聞かれることも多いのですが、本当にどうしていいかわからなかったんです。

自分ではなんとかしなければと焦ってはいたものの……第三者に聞きに行こうにも騙される気がして怖かったし、書店でお金の本を見てもたくさんありすぎて、結局どこから手を付けていいのかわかりませんでした。

だから、普通のＯＬだと思っていた彼女の裏の顔が投資家だったと聞いて、正直驚きましたが、同時に、暗闇の中にさした一筋の光にも見えました。

彼女は彼女で、自分が普通の女の子ではないという自覚があったので、不動産投資をしていること、言いだしづらかったみたいです。

ただ、10年来のファンとしては、結婚していた彼女が離婚したと聞きつけ、巡ってきた千載一遇のチャンスに、「頑張る」という選択肢しか残されていませんでした。

最初に、お金に対しての正しいマインドを叩き込まれたのですが、印象に残ってるのは「〝お金がない〟って二度と言わないで！」と言われたことです。

気づけばいつもカツカツで、お給料が入ってきても、こぼれ落ちていくように、口座からお金がなくなっていく……無意識に「お金がない」が口癖でした。

そして言われて気づいたのですが、元をたどると、それは両親の口癖でもありました。

「うちにはお金ないから……」――と。

そうして、「東京の大学に行きたい！」と思った時に、奨学金を借りる以外の術はなく、多額の奨学金を返す中で、手元のお金が足りなくなり、借金を重ねる生活に陥り、いつしか「お金がない」は、僕の口癖にもなっていたのです。

両親が典型的な貧乏マインドだったのはなんとなくわかっていましたが、僕自身も無意識に同じマインドを持っていたことには、指摘されて初めて気づきました。

日本では、時代劇でもお金持ちを悪代官様と呼んだり、ドラマでもお金持ちが貧しい人に冷たくあたったりと、自然と悪いイメージが刷り込まれがちです。

でも、お金を稼げる人は「納税して世の中に貢献できる人」と言われて、だんだんと素直に「お金持ちになりたい！」と思えたことを覚えています。

節約術やお金の増やし方などの「方法論」をいくら実践しようとしても、このお金持ちマインドの土台なくしては、資産は育っていかなかったと思うので、最初にここを教えてもらえたのはラッキーでした。

お金に対しての正しい意識と知識を持たなければ、それはまた次世代へと持ち越されてしまう。僕のような人を増やさないためにも、誤った認識は断ち切り、正しく伝えていくことが大人としての役目だと思っています！

チャプター

# 2

# お金を捨てない

——収支管理の基本を身につける

4月某日
# 春

## 「好きなもの」に対して、どうアプローチしてる？

では、お金に対しての正しい意識と知識は理解してもらえたと思うから、次のステップに入っていくね。

いよいよ、お金の増やし方を教えてもらえるんだね……！

あま――い！　そんなのはまだ先だよ。まずは、「お金を捨てない」こと！

お金を捨てないってどういうこと？　わざわざ捨ててる人なんていないと思うんだけど……

これまで、どのくらいのお金が健一君を通過してきたか計算したことある？

うわっ、その視点は持ったことなかった。

意識してないだけで、親にかけてもらった金額＆自分が生涯稼いできた金額を足すと、すでに億男or億女だった！　って気づく人も多いと思うの。

確かにトータルするとすごい金額になる気がする。ぼくのところにきたお金はみんな羽でも生えて飛んでっちゃったのかな？

みんなお金がないんじゃなくて、使う段階で、むやみに捨てたり、気づかずに失ってるだけなんだよね。例えば、健一君の好きなものって何？

プラモデルとアニメとサッカーとあいちゃん。

私も入れてくれてありがとう（笑）。好きなものに対してどうしてる？

うーん……最新の情報がとれるように常にチェックしてるかな？

それと同じアプローチ、お金に対してできてる？　これがしっかりできてないのにいきなり増やそうとしても、うまくはいかないんだよ。

レッスン 08

# お金に対してチャラ男になってない？

前述の通り、初心者向けにお金の知識を底上げする「お金の学校」を定期的に開校しているのですが、説明会でまず皆さんにお聞きしていることがあります。

それは、「お金のことが好きですか？　お金がほしいですか？」ということ。

すると、皆さん目をキラキラさせながら、「好きです！　ほしいです！」と言っていただけます。

ですが、そこから「では、お金の勉強をしていますか？」と聞くと、急に半数の方と目が合わなくなり、「ご自分のお金の現在地をすべて把握していますか？」と聞くと、ほとんどの方が俯いてしまいます。

——そうなんです。この「**お金が好きだと言っているけれど、具体的なアクションができていない**」という状態に陥っている人が、本当に多いのです。

これは、女性に対して「めっちゃ可愛いよね、付き合ってよ〜」と口では言っても、全く連絡をよこさないチャラ男と同じ！

口では好き好き言っても、例えば「クレジットカードの請求が怖くて、使った額を見られない……」といったことがいい例です。お金の流れを見ないということは、本心から好きなものに対して、する行為とはいえません。

では、どうすべきか。まずは**「お金の現在地」**を把握しましょう。

お金の現在地とは何かというと、**現在の「収支」と「資産」を可視化すること**を意味します。

収支については「家計簿をつけるのが苦手！」という人も多いのですが、大丈夫です。私も、もともと超大雑把で、家計簿は3日坊主どころか、1日も続いたことがありません。

そんな方におすすめしているのは家計簿アプリ。

私は**「マネーフォワード」**を使っているのですが、銀行口座やクレジットカードを連携させれば、勝手に収支を計算してくれます。

そして、資産については、持っている銀行口座や証券口座すべてを把握すること。「お金がない！」という方に限って、この全体像の把握ができていません。これもマネーフォワードですべて連携できてしまうので、大変ありがたいです。

また、**資産は口座残高だけではなく、ポイントや自己投資のための学び、自分を取り巻く目に見えない豊かさを巡らせるもの、すべてを含めてください。**

健一君に資産の可視化をしてもらった時、航空会社のマイルを大量に失効させているにもかかわらず、航空券を自費で購入していたことが発覚しました。

加えて、借金の返済が大変と言いながら、放っておいた口座にお金が入っていたりもしたのです。

**往復ビンタ案件です。これってお金を捨ててます！**

航空券を買わずとも、マイルで入手できたはずだし、銀行口座のお金も早く返済に充てれば、無駄な金利を払う必要はありませんでした。

お金がほしいほしいと言いながら、目の前にあるお金に気づけないと、どんどん取りこぼしていってしまうのです。

ある意味、「たった1人でもお金の出入りは株式会社と同じ」と心得てください。

そう、１人ひとりが「自分株式会社」を運営している社長と考えるとわかりやすいです。お金の流れがよくわからない会社なんてあってはなりません。

自分株式会社をより豊かに運営していくために、私もふだんはマメな管理が苦手でも、毎月末に、お金の流れをすべてチェックし、不要なところは削り、資産の増減もしっかり把握するようにしています。

「お金の点呼」と呼んでいますが、これを何年間も継続することで資産を増やしてこれました。

私が使用している「お金の現在地チェックシート」も巻末のＱＲコードからダウンロードできますので、ぜひ活用してみてください！

まとめ

**お金の現在地を把握して、流出している穴を塞ぐことから始めよう！**

レッスン 09

# 億女流！常識破りなお金の使い方

「お金の現在地」が把握できたら、次にやるべきは毎月の収支の改善です。お金の使い方には、「消費・浪費・投資」の3種類があります。あくまで私の定義ですが、まず「消費」は生活していくのに必要不可欠なお金です。ここは工夫で下げられるものは下げていきます。そして「浪費」は無駄なものに使うお金……と、ここまでは普通と変わりません。

でも、「無駄なもの」って果たしてなんでしょうか？　普通、嗜好品であれば、なるべく減らすべし、という認識になるかもしれません。

ですが、**自分の人生をより豊かにしてくれるものであれば、「投資」と捉えてもいいと思うんです。**ここが一般的な定義とは少し異なるかもしれません。

大切なのは、「自分がそのお金の使い方をどう意図しているか？」を把握していること。**その意図がない「意図不明金」こそ、私は浪費と呼んでいます。**

これをなくせば、家計は消費と投資だけの筋肉体質になっていきます。私の場合は、お洋服を買うのも友達とのランチもすべて投資です。

夫の場合、プラモデルが大好きで、我が家は彼のプラモデルに浸食されています。洗面台の戸棚を開けてプラモデルが出てきた時は、白目をむきました（笑）。

でも、これも彼が生きるうえでの活力なので、あくまでも投資と捉えてしまっていいんです。要は、**意図をしっかりと把握し、予算を決めたうえで、締めるところは締める、緩めるところは緩める。**これを徹底することが大切なんです。

また、お金を使う時に持っていてほしいもう1つの視点が、**「リセールバリュー」**。5千円で買って、後々千円で売れるものより、1万円で買って9千円で売れるもののほうが、結局手元のお金を有効活用できていることになります。

夫曰く、我が家のプラモデル達は限定品やレアものばかりだから、全部売却すれば数十万円の価値があるそうです（プラモデル、早く売ってくれないかなぁ）。

まとめ

**意図不明金をなくし、家計は「消費と投資だけ」を徹底する。**

レッスン 10

# 些細な支払いもすべて、大事なお金の「嫁ぎ先」

もう一歩踏み込んで、浪費をなくすコツをお伝えします。

人の消費行動は感情に起因しています。

現代では、その感情を揺さぶるために、テレビや雑誌、インターネットにSNSなど、あらゆるメディアを使って、商品が売れるように企業は訴求してきます。

そのマーケティング手法にハマって、「ほしいものが次々と！」となる人も多いのですが、それは**自分本来の欲ではなく、「虚像の欲望」であることが多い**のです。

夫も出会った頃はかなり浪費がひどく、一緒に旅行に行けば「ご当地限定！」「3つで○○円！」などの広告文句に踊らされ、ほしいかどうかより「買わないといけない」という感情が沸いて、購入する傾向にありました。

そこで、「本当にほしいか、3回自分に聞いてみて？　それでもほしかったら、私にほしい理由を写真と一緒に提出して！」と伝えていました。

そうすると、「脳内あいちゃん」が頻繁に話しかけるようになったらしく、彼の買い物量は減りました。**同じように影響されやすい自覚がある方は、必要がなければメディア媒体との接触を極力減らすのも1つの手です。**

また、自分よりほかのことを優先しがちな人、例えば、脳内頻出ワードにこんな言葉がある人は要注意です！

**●自分より他人を優先してしまう**

✓ママ友の集まり、断れないな……

✓店員さんにすすめられたし、買っておこう！

**●自分より値段を優先してしまう**

✓安いから今買っておかなきゃ

✓高いからきっといい物に違いない！

●**自分より習慣を優先してしまう**

✓あのブランドの新作だから、絶対買わなきゃ！
✓コンビニに行くついでに甘い物も買っちゃおう

「セールで安かったから」「人にすすめられたから」……そんな理由で物を買ったものの、結局、後で使わなかったという経験はありませんか？

「お金を払う」という行為は、**大切な自分のお金さんの嫁ぎ先を厳選することです！**「価格が安いから」と本当にほしい物の代替え品を買っていると、いつまでも心は豊かになりません。

また、ストレス解消のために、無意識に買い物をしているケースもあるでしょう。まずは「自分の幸せ」のために心を満たせば、**「買い物という消費自体が目的になっている」といったケースは避けられる可能性が高いです。**

さらに、「お金があれば幸せになれる！」と勘違いしている人もいるのですが、幸せはただの心の癖なので、極論を言えば、今すぐにでもなれます。

逆に「○○（結婚やお金といった外的要因）すれば幸せになれる」と条件つきで考えて

いると、それをクリアしても今度はまた新たな条件を生み出すことになり、死ぬまで不足探しの旅を続けることになります。

まずは**「自分がどんなことに幸せを感じるのか？」ということを書き出して、それにしっかりお金や時間を使うようにしてください。**

そして、本当に自分を幸せにしてくれると思える「喜び」に〝だけ〟お金を使うことができれば、お金を支払うことが、本来は自分の喜びと交換していることだと改めて気づけます。

こうなると月末の収支のチェックをした時に、それは「喜びリスト」となり、見るだけで感謝が溢れる状態になるのです。

家計簿アプリをニマニマ見ながら感極まって泣いている女性をカフェで見かけたら、それはきっと私です（笑）。

まとめ

**自分の幸せよりほかのことを優先してしまうと、ただお金を失うことになる。**

レッスン 11

# 稼ぐのが先か、節約するのが先か

ここで、すごく大事なことをお伝えしますね。

**1万円を稼ぐのも、1万円を削減するのも同じ1万円です。**

稼いだり増やしたりする前に、我慢を伴う「節約」と違って、消費から不要なものを削るほうが簡単にできます。

例えば真っ先にできるのが、不要なサブスクリプションの解除。行けていないジムや、使っていないアプリなど不要な登録がないかを、今すぐチェックしてください。迷ったら一旦解除してみて、必要だったらまた加入し直せばいいと、気軽に捉えていただければと思います。

さらに気をつけたいのが**「ラテマネー」**。

これはカフェラテに由来しているのですが、「1杯のラテ」ほどの小さな出費を指します。こうした少額な出費にこそ、気をかけてほしいのです。

例えばOL時代、夫のようなお金に無頓着なタイプの人ほど、会社の自動販売機で何本もペットボトル飲料を買っていました。それが「大好きでどうしても飲みたい！」というのであればまだしも、「せいぜい1日500円だから」と大して意識せずに購入し続けていると、**365日では約18万円になります。**

私はふるさと納税でいただいたおいしいドリップコーヒーを、給湯室でお湯だけもらっていつも飲んでいたので、飲み物代はほとんどかかっていませんでした。

あとは、お金をATMでおろして都度手数料を払っている人！

ネットバンクであれば、条件次第では引き出し手数料も振込手数料も0円になることが多いです。私は他行への振込手数料もほぼ払ったことがありません。

まとめ

**お金は同じ金額を稼ぐより、支出を減らすほうが簡単！**

レッスン 12

# 基本中の基本！
# 特に意識すべき「3大固定費」

普段の消費を見直すうえで一番効果が高いのが、3大固定費（①光熱費・通信費、②保険料、③住宅費）を下げることです。

「巷に溢れる節約術は続きませんでした！」という方でも大丈夫。

私も例に漏れず「電気は小まめに消そう！」といった類のことは苦手ですが、固定費は一度メスを入れるだけで、絶大な効果が得られます。

光熱費・通信費でいうと、光熱費は電力自由化の今、より安い会社に移行する方法がすぐに取り組めるうえ、効果が高いです。

「エネチェンジ」というオンラインサービスで、お住いのエリアではどういった選択肢があるかを調べられるのですが、例えばガスと電気のセット割に変更するだけでも、月々の支払いを削減できる可能性があります。

また、格安スマホにするだけで大幅に支払い額を抑えられるケースがあります。ご家族がいれば、さらに削減できる金額は大きくなるでしょう。

調べたり切り替えたりするのが面倒……という人も多いのですが、ショップに行って手続きする時間が1時間くらいだとして、月々1万円近くの削減×この先50年生きるとして＝12万円×50年＝600万円です！

「時給600万円の仕事がありますよ！」と言われたら、臓器でも売るのかと疑いますよね？　こうした捉え方の違いで、生涯の手残り金額には、大きな差が出るのです。

次に、日本人が大好きなのが保険です。医療保険・がん保険・生命保険・学資保険などなど、月に数万円払っている方もいるのではないでしょうか。

ただ、日本の社会保険制度は、かなり充実しています。

**そもそも高額な民間の医療保険に加入せずとも、会社員・公務員が加入している健康保険、自営業者の国民保険で、医療費の自己負担額は30％と定められています（※年齢によって異なります）。**

また、「高額医療費制度」という仕組みもあるので、収入額に応じてですが、1カ月の支払い上限額を超えるような高額な医療費は、払わなくていいことになっています。

国の制度をそもそも理解せずに「とにかく入っておいたほうが安心だ」と、不安から保険に加入することはやめましょう。

**「制度の全体像を理解したうえで、不足分を補う」**という考え方がおすすめです。

私も、月数千円の最低限の医療保険にのみ加入しています。

夫は独身だったのに、なぜか生命保険に加入していたので、解約してもらいました。扶養している人がいて、自分にもしものことがあったら困るという状況でなければ、生命保険はまず不要だと思います。

ここまで読み進めて、「億女ってどんな技を使ってるのかと思ったら、当たり前なことばかりでつまらない！」と思った方もいらっしゃるかと思います。

でも、私の周りのお金持ちも、有料のレジ袋は絶対断るなど、お金が大好きだからこそ、1円単位で大事にします。「FXで1億円儲けました！」とか、華々しい一過性の再現性のない話より、まずは基本を忠実に守ることが大切です。

**お金持ちは、日々の習慣で作られる**のです。

まとめ

**捉え方を変えるだけで、大きな出費を未然に防ぐことができる！**

レッスン 13

# 家訓「家は借りるな、買え！」

続いて3大固定費の中でも「住宅費」については、不動産にずっと関わってきたので、アツく語らせてください。

住宅費を下げる技はいくつかあり、もちろん家賃の安い場所に引っ越すのも1つの手です。または、大家の立場としてはあまりされたくはないのですが、現在の賃貸物件で家賃交渉するのもいいでしょう。

特に見直しチャンスがあるのが通常契約の場合、2年に一度の「契約更新」のタイミング。**私が賃貸物件に住んでいた時は、月々の家賃か更新料か、どちらかを交渉するようにしていました。**

大家目線では、退去になるとその分空室が出ることによる機会損失もありますし、リフォーム費も発生してきます。多少の交渉を受け入れ、長期間入居してもらったほうが、両者WIN－WINなのです。

また、これも大家目線ですが、契約更新していただく長期利用の優良顧客に対してサービスしてあげることはあっても、さらに更新料としてお金をもらうというのは、あまり道理に合わない制度だと個人的に思っています。

ですので、私が保有する物件ではほとんど更新料をいただいていません（むしろ更新していただくと、入居者さんを全力で抱きしめたいくらい嬉しいです……しませんが笑）。

やや脱線してしまいましたが、ここで「家賃を減らそう」からさらに一歩踏み込んでみましょう。

私はお金の勉強を始めて、自分の家計を可視化した時、**「一番大きな費用である家賃をそもそもなくせないか？」**と試行錯誤しました。

そして、家賃をなくすには次の方法を取ればいいことがわかったのです。

**①居候または同居する**
**②会社の寮や補助をフル活用する**
**③賃貸併用住宅に住む**
**④リセールバリューの高い物件を購入する**

まず、①は実家も遠いし、難しかったので私には実践できず、健一君もすでに弟と同居していて家賃を抑えていたので、ここは手をつけないことにしました。

②の制度が使える方は、可能な限りフル活用していただくのがいいと思います。

③は一般的には馴染みが薄いかもしれませんが、自宅の一部を賃貸にできるタイプの家を購入し、住みながら大家さんとして貸し出すというもの。

**賃貸部分の家賃にもよりますが、住宅ローンは部屋を借りてくれている入居者さんが返してくれるので、実質タダで家に住めてしまうことになり、住居費を大幅に抑えられます。**

実際には、物件全体の面積で自宅部分が50％以上を超えてないといけないなど、対応している銀行によって制約がありますが、本来は金利も高く借りるハードルの高い投資用物件のローンではなく、住宅ローンを使えることが大きなメリットです。

そして最後の④、私が実際に実践してきた手法です。

もともと賃貸住宅というものがあまり存在しない田舎者のため、「家賃を払って、他人のローンを返済するくらいなら、買ったほうがいいのでは？」と、大学生の時は父が購入していたワンルームマンションに住んでいました。

大学に5年通っていたので、普通に都心のオートロックの物件を借りると、家賃が月8万円以上。つまり年間100万円×5年で500万円はかかったところ、その分を物件の購入費に充てられたことになります。

その後、私が社会人になってからはそのマンションは賃貸に出され、20年近く満室。今売却したとしても、すでに家賃で物件価格をほぼ回収しているような状態です。


そうして我が家の家訓、**「家は借りるな、買え！」**に則り、30歳から7年間の間に4回家を買い替えてきました。

その都度高値売却するか、賃貸として貸すなどして、本来家賃を払って、ほかの人のローン返済をするところを、自分のローン返済に充ててきました。

よく不動産について、「賃貸VS売買、どちらがお得か？」という記事を見かけますが、**皆さんももっと賃貸のように、ライフスタイルの変化に合わせて気軽に家を買い替えればいいのに……**というのが私の持論です。

この詳しい手法についてはチャプター5で解説してまいります。

また、すでに自宅を購入済みの方に補足ですが、住宅ローンの金利が1％以上の方は、低金利時代の今、借り換えで金利が下がる可能性があります（2023年1月現在）。**1%金利が下がるだけで、総支払額は数百万円変わる可能性もあるので、ぜひ一度借り換えのシミュレーションをしてみてください。**

収入の多さと手元の使える額が直結しない人がいるのは、こういった創意工夫をしているかどうかの差なのです。

まとめ

「住居費はかかるもの」という前提を覆すと、手残りの金額は大きく変わる。

レッスン 14

# 会社や国の制度に関心を持つ

もし、あなたがお給料をもらっている会社員なら、会社の福利厚生制度について、どのくらい認識していますか？

これは私調べなのですが、お金がない人に限って、会社の制度を全く活用していない傾向にあります。以前働いていた会社では、宿泊施設を利用したり映画を観たりする際に補助が出ていたのですが、関連会社勤務だった夫も出会った当初、何1つ使っていないどころか、存在すら把握していませんでした。

彼の場合は、資格取得で奨励金が出ることがわかり、お金の勉強も兼ねてファイナンシャルプランナー3級を取得し、3万円をゲットさせました。

**すでに与えてもらっているものがあるのに、それを認識も使用もせず、お金がないと騒ぐのは本末転倒です。**

これは国、各市区町村の制度も同様です。私達の暮らしをサポートする補助金など、本当にさまざまな制度が多数存在しています。アンテナを高く張り巡らせるかどうかの違いで、受け取れるお金は全然違ってくるのです。

例えば、会社員でも税金を能動的に減らすことができます。

所得に対して、控除枠を正しく使用することで、税金が還付される仕組みです。

代表的なものを3つご紹介しますが、まずは「医療費控除」。

年間の医療費にかかった10万円以上の金額の税金が還付される制度です。

10万円も使わないや……と思うかもしれませんが、通院の交通費も含めると、対象になる方もいらっしゃると思います。夫の場合、持病の治療で遠方の病院に新幹線通院していたのに、長年この制度を取りこぼしていました。

また、家族で合算もできるので、ご夫婦の所得が高い方がまとめて申告すると、メリットを最大限享受できるかと思います。

「ふるさと納税」も同じく、控除の一種です。

各自治体に寄付をすると、御礼に返礼品をいただけるもので、例えば年収500万円の方なら、自己負担額は2000円程度で約5万円分の寄付ができます。

私はお米やお肉などを毎年いただいており、食費に随分と貢献してもらってます。

それなのに、総務省のデータによると、ふるさと納税の使用率は全国で12・45％!!

まさかの約8人に1人しか利用していないことになります。

Whyジャパニーズピーポー!!（笑）。

居住地へ税金を納めたいという方は別として、結局、「なんだか面倒だ」とか「自分とは関係ない話だ」と切り離してしまっている人が多いだけ。

ですが、**ふるさと納税は収入のある全国民に関係があります。**

これも捉え方の問題です。目黒のサンマ祭りで数百円のサンマがもらえると聞けば、何時間もの長蛇の列ができますよね（もちろんお祭りに参加したい人もいると思います）。

ふるさと納税だって、「ノーリスクで時給5万円の仕事があるよ！」と言われたら、きっと申込みが殺到するはずなんです。

やることといえば、納税先をオンラインサイトで選んで、確定申告も30分程度で完了させること。確定申告が不要なワンストップという制度もあります。

そして最後に紹介するのが「保険の所得控除」。

**①一般生命　②介護医療　③個人年金保険　それぞれに支払った金額が還付されるもので、ここぞとばかりに保険の使いどころです！**

現状加入していなくても、この控除枠に当てはまる商品で満期返戻金がある貯蓄型のタイプに加入すれば、その分の税金が還付されることになります。

1つご紹介すると、明治安田生命の**「じぶんの積立」**という商品は、生命保険の枠として使用可能ながら、満期の際は受取率が103％。リスクなく控除枠をしっかり使用できる商品です。

個人の収入額によって、還付される金額は違いますが、我が家では、私も夫も元本割れしない保険を控除額が最大になるよう加入しています。

※ふるさと納税可能上限金額は、収入やその他条件によっても変わってくるため、「詳細シミュレーション」で確認してください。

まとめ

**会社や国に不満を言う前に、すでにある「仕組みや制度」をどんどん活用しよう。**

レッスン 15

# 不要なものは、物×情報×時間の3軸で判断する

お金を取りこぼさないという視点に立つと、「事前に不要品を捨てていく」という習慣も重要になります。**捨てるという行為は、自分が何を心から欲していて、何が不要なのかを明確に答え合わせをする行為だからです。**

両手に不要なものを抱えていては、自分が本当にほしいものが見えてきません。物を捨てる時は、自分の傾向を把握するために、「なぜ不要だったか？」を書き出すことをおすすめします。

夫の場合、一時の感情や、安いからという理由で服を買っても、結局心から気に入っているわけではないケースが多くありました。

また、私のようなズボラさんに向けて提唱しているのが、**「チョイ捨離」**です。「時間を取って一気に捨てなければ！」と意気込んでしまうと、結局面倒になり、どんどん後回しにしてしまいがちです。そこで1日1個から、不要だと思った物を捨て

る。そのくらいの軽さで継続していっていただきたいと思います。

さらに、不要品だけではなく、情報と時間を捨てていくこともおすすめです。

ＳＮＳやテレビをついダラダラ見てしまうという方も多いのではないでしょうか？

私は30代になってから、帰宅後すぐにテレビをつける習慣を止めたら、１日２時間以上時間を捻出できることに気づきました。

それどころか、テレビを見るのを止めても、驚くほど困りませんでした。

そう、お金と同じでテレビを見るという行為は、単なる「意図不明」な時間だったのです。

**その時間を投資や起業に充てることで、これまで資産を増やすことができました。**

私達にとって、時間は命。他人のどうでもいいＳＮＳの投稿にぼんやり「いいね！」をするくらいであれば、時間を有効活用して、お金に換えることもできるのです。

まとめ

**必要なものの取捨選択を通じて、「本当に大切なもの」が見えてくる。**

レッスン16

# 大きな出費を減らすなら、一般常識を疑え

ここまで日々の細かいお金の出入りをご紹介してきました。

ここではさらに、一番お金が動く場面で「本当にそれは必要?」を発動させることで、より大きな消費の回避につながるということについて説明します。

人生で一番お金がかかる局面は、**①冠婚葬祭、②家・車の購入、③学費**といったライフイベントであることが多いです。

今の日本社会では、それぞれの局面でまだまだ「架空の幸せの教科書」が発動し、「結婚して→豪華な結婚式をして→新築の家を買って→子供を育てて→私立の学校をお受験して……」という暗黙の了解があるのを感じます。

**ですが、そこで1つひとつを疑ってみてほしいのです。**

例えば私も、「結婚式はお金がかかるもの!」と友人知人・メディアから常々聞かされ、戦々恐々としていました。

ところが、ゲスト100人規模の豪華なレストランウエディングでも、ご祝儀との差し引きは100万円にもなりませんでした。「え？　今までの話は？」と拍子抜け。

結婚式は、オプションを付けるとどんどん高額になるシステムです。

装花1つで10万円なんて世界ですが、**誰かの結婚式に出席して、花がキレイだった……なんて記憶に残るケースは少ない**と思います。

ということで私の場合、ゲストが喜んでくれる食事や演出といったところに予算を割き、装飾は雑貨屋さんで購入した安価でお洒落なキャンドルで代用しました。

特に結婚式業界は、自分が用意したあらゆるものに対して「持ち込み料」が取られる慣習があります。そこを見越して、その費用がかからない式場を選んだ成果です。

また、②の「家・車の購入」でいうと、なぜか「新築神話」が根強い日本では、「新築マイホームを持つのが人生のゴール！」という価値観をいまだに感じます。

私の場合、大学時代は父のマンション、社会人になってからも自分でリセールバリューの高い家を購入してきたので、住居費をほとんどかけていないことになります。

実家も、祖父の代から引き継いだものですし、数千万円の住宅ローンを借りて家を購入している家庭と比べ、うちの両親は住居費がかかっていません。

③の「学費」についても、早くは幼稚園から私立に入れるためにお受験戦争が激しく、そのための塾……とお金をかけ始めるとキリがありません。

ただ、私自身は**「学歴は作れる」**と思っています。

日本社会ではまだまだ、最終学歴が重視される傾向にあります。

正面突破の受験は一番難易度が高いですが、それ以外にも、推薦や編入、ＡＯ入試、帰国子女枠、卒業大学より上のレベルの大学院に行くなど、さまざまなルートで最終学歴を作る事は可能です。

例えば私の場合、地元の公立高校では、国公立大学至上主義だったのですが、あらゆる方法を調べたところ、センター試験＋5科目勉強するよりも、同じ偏差値の私立大学のほうが2～3科目のみで効率的に受験できるというカラクリに気づきました。

正直、当時成績は高校でも下から数えたほうが早い……模試でも圏外という完全な落ちこぼれでした。

それでも、有名大学の競争率の低い学科ばかりを調べて狙い、自分にとって不要な科目の授業は睡眠に充て（先生ごめんなさい！）、得意な文系科目だけ集中的に勉強して1年半で上智大学に滑り込んだのです。

小中高と公立だったため、幼少期からものすごい教育費をかけられてきたわけではありません。

「周りがお受験しているから、子供にもさせなきゃ！」と思考停止で流されるのではなく、最終学歴を獲得する手段は複数あるので、数ある選択肢の中から最適解を探す姿勢が大切だと思っています。

日々の支出管理に加え、こうした数百万円・数千万円といった一番お金がかかる局面で、「ほかに選択肢はないか？」「本当にそれは必要か？」と他人の価値観に振り回されず、自分軸で考えることで、人生単位で見た時に、お金を有効に使える可能性が高いのです。

まとめ

ライフイベントで大きなお金が動く時こそ、世間一般の常識を一度疑ってみよう。

レッスン 17

# お金が巡る「マネールート」を整えよう

ここまで、お金の取りこぼしがなくなる方法を見てきました。

今回は、実際にお金が入ってくるルートを整えて、さらに取りこぼしを防ぎます。

まず基本として、**銀行口座が1つしかないという方は、給与口座と貯蓄口座を分けてください。**

口座開設でおすすめなのはオンラインですべて完結し、振り込み手数料や引き出し手数料が無料のケースが多い、ネットバンク。

分けたほうが管理をしやすくなりますし、「着実にお金が増えている！」と実感しやすくなります。そして、**先に貯めたい金額は「先取り」が鉄則です。**例えば、収入の10％と決めて、給与口座→貯蓄口座 or 投資用の証券口座にお金を移管できれば、ごちゃごちゃにならず、使いすぎも防げます。

逆に口座が多すぎて管理ができていない人は、メインで使用している口座以外、解約してもいいでしょう。

そして、お金が増やせる人かどうか一目でわかる方法があります。

それは**お財布の状態**です。

さぁ、お財布を見せてください！　隠しても無駄です！

気づいたらいつもお金がないという人は、一様にお財布が汚い。レシートやポイントカードでパンパンだったり、お財布そのものがボロボロだったり……。

**私が今まで見てきたお金持ちは、必ず！　絶対！　例外なく！　お財布がキレイ**です。これは当たり前のことで、「汚財布」のままで気にならないということは、お金に対して意識が向いていないということ。

お金が本来収納されるお家が整っていないと、無意識に出ていっても気づけません。

私が推奨している美財布への整え方は、次の通りです。

- **クレジットカードは2枚くらいまでに絞る**
- **ポイントカードも極力絞る（確実に換金するもののみとし、5枚以上は不要）**
- **キャッシュカードや診察券などは、別途カードケースで管理する**
- **レシートは絶対にため込まない**
- **現金は1万円以上を入れる**

使ってしまうからとなるべく少額しかお財布に入れない人もいますが、そこで都度、時間と引き出し手数料を使ってしまっては意味がありません。

最後に、毎日帰宅後、鞄から一度財布を出す時に、前ページ以外のものが入っていれば出して整えるといいでしょう。私の場合、領収書以外のレシート類は、クレジットカードで使用履歴を把握できているので、そもそも受け取りを断っています。

こうして、収入が入ってきた後の道を、**「銀行口座→美財布→増える使い方」**と物理的に整えてあげると、取りこぼしのないマネールートが完成します。

78ページでは「知らず知らずのうちにお金を捨てていた」と知った健一君の本音をお伝えします。

チャプター3からは、「お金を拾う」方法についてご紹介していきます！

まとめ

**消費活動の見直しだけでなく、「お金の導線」を整えるだけでも効果は絶大！**

## マネールートを整えよう

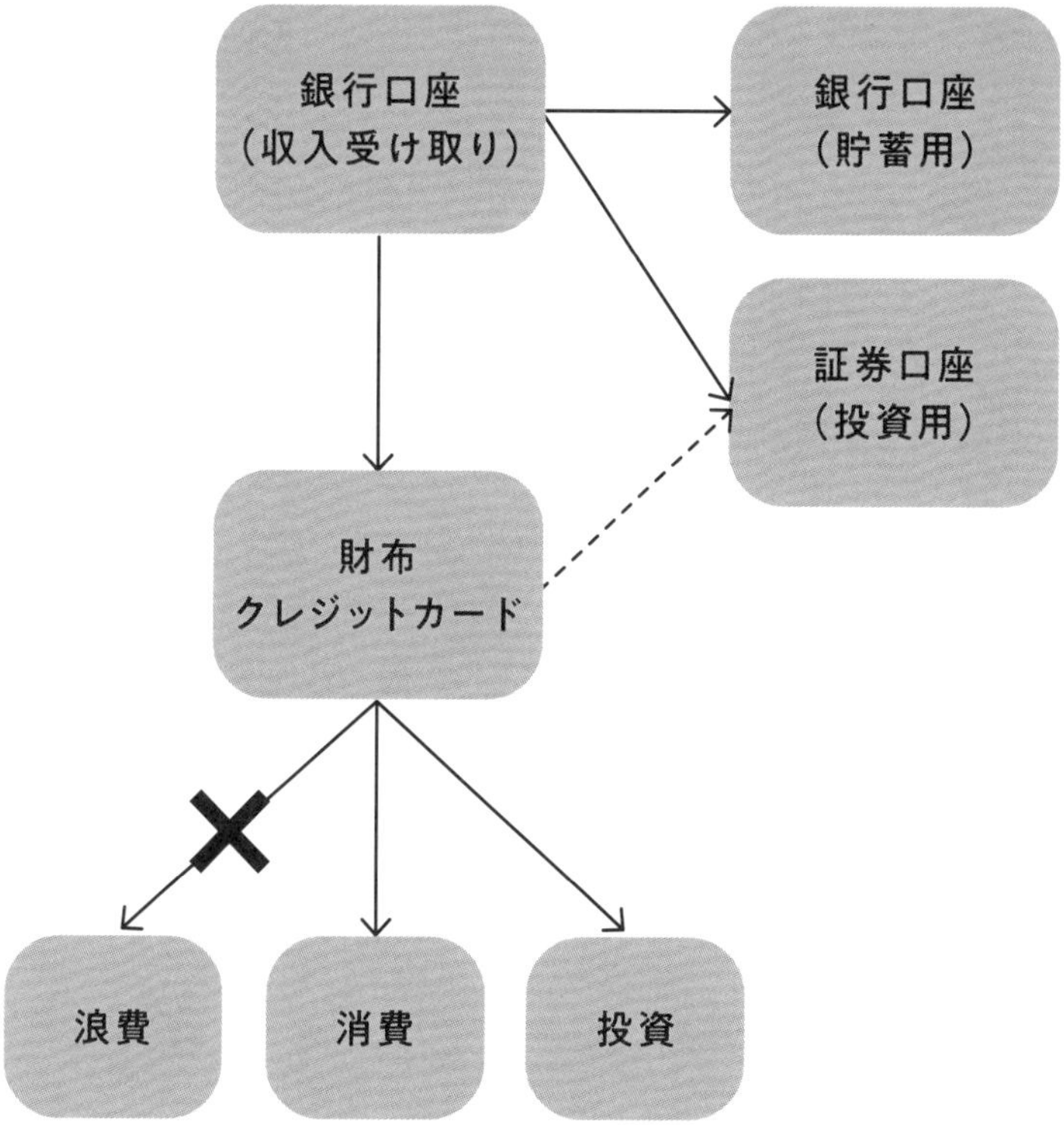

コラム

# (2) 日常の買い物が「お金を捨てている」だけだと気づかされた日

ども! またまた健一です。

付き合って1週間で、彼女に全収支と資産額(正確には負債額……)を晒したわけですが、僕の支出に対して、彼女がザクザク赤入れして、これもなくせる、これもいらないと記入していった場面を今でも覚えています。

まず、家計を筋肉質にするということで、3大固定費の中でもすぐに取り組めた格安スマホへの変更。そして「煙草を吸う人とは付き合わないから」と、煙草をやめることになったこと。そのほか彼女のアドバイス諸々で、一気に月5万円以上も、家計が改善しました(ちなみに、すすめてもらった『禁煙セラピー』(アレン・カー著)という本を読んで、僕は3日で煙草をやめられました)。

そして何度も言われたのが、「健一君は、お金を捨ててるだけだから!」ということ。

格安スマホのほうが通信費は安くなるらしいと知ってはいたのですが、面倒だと思ってよく調べもしていませんでした。

そこで彼女に、「変更の手続きを時給に換算したら、ものすごい金額にならない？」と言われてハッとしたんです。

これはお金以外にも重要な視点だと後になって気づきました。

例えば会社員の方であれば、自分の時給を把握しておくと、何か新しいことを始める時に「それ以上のリターンを望めるのか？」という視点が身に着くと思います。

また、お金の使い方、という点では僕はひどいものでした。

実はＨＳＰ体質で影響を受けやすいうえに、買い物依存症の傾向もあり……「絶対必要！」という広告文句に踊らされ、「買わなきゃ損かも!?」と必要以上に爆買い。

旅先ではいつも「お土産が足りなかったらどうしよう」、好きなアーティストのライブに行けば「限定品は今しか買えないし……」と、買い物かごをいつもパンパンにしていました。

そこであいちゃんに、ほしいものがあったらＬＩＮＥして理由を述べるよう、指令をいただきました（恥）。

付き合った当初から続いた、それはまさにＲＩＺＡＰならぬＡＩＺＡＰ……。

本家のダイエットプログラムでは、食べた物をレコーディングして報告する必要があるそうなのですが、ほしい物があれば、ほしいかどうかまずは自分に3回聞いてから、それでもほしければ写真で報告。

そして、不要品を捨てて、「本当に必要な物」を洗い出し、自分の買い物の答え合わせをする。さらに、新しい物を買う時は厳選する、このサイクルを繰り返しました。

この流れで、驚くほど買い物の量は減り、彼女に確認する回数も激減したのです。

結局、「いくら稼げるか？　増やせるか？」よりも、まずは「お金を捨てない」体質になることが大切なんだと骨身に染みました。

僕を貧乏にしていたのは、小さなお金に対しての無関心の積み重ねだったのです。

実際にあいちゃんが僕にやってくれたみたいに、読者の皆さん全員に伴走することはできないので、脳内で「誰かに報告するとしたら……？」と、シミュレーションすることをおすすめします！

チャプター

# 3

# 落ちているお金を拾う

——現金以外の価値にも目を向ける

7月某日

# 夏

## 「見えない価値」を取りこぼしていない？

健一君もだいぶお金を捨てなくなってきたから、次はいよいよ「お金を増やす」方法を教えていくよ。

待ってました！　投資の仕方を教えてもらえるってこと？

ブッブー。健一君には「落ちてるお金」を拾ってもらいます！

お金が落ちてるってどういうこと？　自販機のお釣りくらいしか見たことがないんだけど……。

知らない人には見えないかもね。

（急に手を握る健一）ドキッ！　健一君どうしたの？

お金の女神の金運ゲット！　これで僕にも見えるようになるかな？

バカ言ってないで。健一君に資産をチェックしてもらった時、マイルを使わないまま捨ててたじゃない？　あれ、お金にしてたらいくらだった？

沖縄行きの往復チケットを買った分だと、5万円くらいだったかな。

まさにそれだよ！　マイルはわかりやすい例だけど、この世の中には、知っている人だけがお金として扱える仕組みがたくさんあるんだよ。

なるほど～。ポイントとかその手の類はあんまり気にしてなかったよ。

意識するだけで、本当に全然変わるから！　あとは、今「持ってるもの」を最大活用できるかどうかで、お金が得られる可能性もあるね。

持ってるものって？　僕、借金と優しさ以外持ち合わせてないんだけど、活用できるものあるかなぁ。あいちゃん、教えてー！

レッスン 18

# ポイントもお金だ!

「お金持ちはポイントなんか貯めない」というのは実は半分本当で、半分は嘘です。圧倒的に稼いでいる起業家や、代々資産家という方々は、わざわざ企業の囲い込み戦略であるポイントを気にするより、もっとお金を増やす方法があります。

ただ、私が過去そうだったように、普通の会社員の場合、話は別です。

ＯＬ時代、お金と同等に扱えるのであれば、私は**「ポイント＝お金」**だと思っていましたし、もらえるものは全力でもらってきました。

簡単な例でいえば、クレジットカード。

年会費無料のものでも、ポイント付与率１％のものがあります。

**これは100万円分をカードで使用するだけで、1万円もらえてしまうということ。**

賢く「経由」するだけで、落としてきたお金は拾えるんです。

また、クレジットカードは明細も自動で管理されるため、家計簿代わりになるというメリットもあります。

オンラインショッピングをする時に、Ｙａｈｏｏ！や楽天、それぞれの企業のサービスを集約するのも堅実な方法です。

**Ｙａｈｏｏ！経済圏、楽天経済圏と呼ばれるサービスを使用することで、ポイントの還元率は高まります。**さらに特定のポイント付与率の高い日にお買い物するだけで、信じられないくらいポイントをもらえることもあるんです。

私も普段から携帯電話はＹモバイル、そのほかＹａｈｏｏ！経済圏のサービスを利用することが多いです。

そうすると、Ｙａｈｏｏ！ショッピングで、20％も還元されることもあり、一般的なお店の店頭で購入するのと比べると、大きな差ができます（※その分商品代が高く設定されているケースもあるので、比較検討は必要です）。

さらにさらに、キャッシュレスのアプリ決済サービスと併用することで、ポイントの2重取りも可能です。Ｙａｈｏｏ！経済圏であればｐａｙｐａｙ、楽天経済圏であれば楽天ペイを、それぞれのクレジットカードと連携するだけです。

健一君はいろいろと調べてめちゃくちゃ詳しくなってしまい、会社でのあだ名が一時「キャッシュレス」になっていました。

私は自分が労力をかけずにお金がいただける「仕組み」が大好きです。億の資産を……というと、さぞ派手な生活をしているかと勘違いされることも多いのですが、お金がない時から、こうして**小さな積み重ねをすることが豊かな生活の土台になってきたと確信しています。**

また、旅行好きの方がもっと有効活用すべきなのが**「マイル」**。

ご存知の通りマイルもポイントの1つで、航空会社がフライト毎に付与するのが一般的です。そして、陸《おか》マイラーと呼ばれる、マイルに強いクレジットカードの使用で、飛行機に乗らずしてマイルを貯める層が一定数存在します。私のことです。

このおかげで、ＯＬ時代はほとんどこのマイルで実家に帰省し、定期的な長期休暇も、カードの特典で5つ星ホテルに滞在したり、タダ旅を満喫していました。

私が旅行によく使っていたのは、ＪＡＬが展開している「どこかにマイル」というサービス。通常のマイル数の2分の1以下の6000マイル（※規定改定で6000→7000に変更予定）で、4つの候補地からランダムに選出された行き先に行けるシステムです。

会社員時代はいろんなところに気兼ねなく遊びに行けました。

最後に1点注意です。**ポイントは有効活用すべきですが、ポイントほしさにお金を消費するのは本末転倒です。**また、クレジットカードだと気が大きくなって、買い物をしすぎてしまう方は、デビットカードがおすすめ。ポイントは付きつつも、使用時点で口座からお金が引き落とされるため、使いすぎを防げます。

まとめ

**貨幣や紙幣以外にも、視野を広げれば、さまざまな「お金」が存在している。**

レッスン 19

# 誰にでも今すぐできる副業とは？

ポイントつながりでいえば、一番簡単な副業は、ポイ活です。

「えっ、ポイ活〜？　なんだか面倒くさそう」という声も聞こえてきそうですが、一度騙されたと思って、試してみてください！

誤解されている方も多いのですが、「ポイ活」は日々のお買い物でポイントを細々と獲得するだけではありません。

**「リワード広告」と呼ばれる、各企業が広告費を払ってあらゆる広告を集めたサイトとして成り立っているサービスの活用**を指します。そして、広告元が提示する条件をクリアすれば報酬がもらえるシステムです。

私は顧客への対応のよさから**「ハピタス」**をよく使っています。

1ポイント＝1円としてお金に交換することもできますし、マイルやほかのサービスのポイントに交換することだってできます。

大学生の頃からポイ活に取り組んできましたが、クレジットカードを作るだけ、またはセミナーに参加するだけで数千〜数万のポイントが獲得できることも多いです。

一番簡単なのは、先ほども挙げたＹａｈｏｏ！ショッピングや楽天などのウェブサイトでのオンラインショッピング時に、リワード広告のサイトを経由するというもの。

**これだけで、ほかの手間はかけずに1％還元されます！**

例えば家具家電など、10万円の商品を購入する際には、リワード広告のサイトを経由してショッピングサイトに飛ぶだけで、そのたった10秒くらいの手間で、１０００ポイント分がいただけるのです。

また、紹介制度を使って、紹介者が同じようにポイントを獲得すると、紹介した人数によって、本人にもポイントが還元されるという仕組みもあります。

紹介すればするほど還元率が上がり、自分がポイ活をしなくとも、ポイントが獲得できるのです。

ポイ活を夫に紹介したところ、２カ月で20万ポイント以上稼いでいました。

インターネットでただ広告を見るだけではお金にはなりませんが、ポイ活なら気づいていないうちに手元からこぼれ落ちているお金を拾える。すごい仕組みだと思います。

さらに簡単な副業として、**アンケートに答えたり、企業のモニターになるようなオンライン上のマッチングサービスも多数存在します。**

夫は、いつの間にかインタビューのマッチングサイトに登録して、企業のニッチな案件にも参加するようになりました。

例えば「テレワークで腰痛がひどい人」といったオンラインの座談会に参加するだけでも、数千円もらっています。

これも時給換算すると、会社員では考えられない高時給になってきます。

まとめ

**ポイントは買い物で貯めるだけにあらず！**
**いろんなポイ活に取り組んでみよう。**

そーなんです
腰がねぇ…
P
P
P
おそろしい子…！

レッスン 20

# 不要品だって お宝になる価値を秘めている

さらに個人が稼ぎやすい副業には、物販があると思います。

今は「メルカリ」などの個人間で気軽に売買するサービスが増えてます。

私は大学生の時から「ヤフオク!」で商品を販売していました。

海外旅行が好きだったのですが、例えば、当時日本未上陸だったH&Mの商品は日本では2倍の価格で売れました。

ということで、気に入った服があれば、**欠かさず2着購入して帰り、1着を2倍の金額で売れば、自分用の服はタダだったことに。**

写真の撮り方や商品名・解説の書き方を工夫することで、売れ方は、全く変わります。**商売の基本は「安く買って、高く売る」**ことです。

需要過多なものを品切れになるまで買い付けて高額で売る「転売ヤー」は悪ですが、個人の趣味の範囲であれば全然いいと思います。

いきなり販売する商品を仕入れるのではなく、初心者の方は、まずは整理した不用品を販売するところから始めるといいでしょう。

衣類や生活雑貨、さまざまな商品が取引されていますが、中でも面白いのが、使いかけの化粧品やサンプル品、ブランドのショップバッグなども活発に取引されるということ。

「誰が買うんだろう？」と思う方もいるかもしれませんが、商品を買うまでではないけど、手軽に試してみたいという、ある一定の需要があるようです。

夫も積極的には不要品の販売をしていなかったので、まずはそこから着手するように伝えました。

不要品もいきなり捨てるのではなく、どんどん売ってもらうことで、見落としていたお金が手に入ります。

まとめ

捨てる前に、「本当にもう価値がないのか？」と考える。

レッスン
21

# 「今ある資産を活用する」という視点をプラスする

「ポイ活も出品サイトももうやってるよ」という方がいらっしゃるなら、次はぜひ、**資産の活用も視野に入れていただきたいです。**

例えば、投資用物件を持っていなくても、「モノオク」というサイトで部屋の空きスペースを倉庫として貸し出すこともできます。

また、使っていない駐車できるスペースがあれば、「アキッパ」という、個人間で駐車場を貸し出すサービスもあります。

あとは、空いている土地があれば、看板を立てるも、自動販売機を設置するもよしです。

私も一棟アパートを所有していますが、一部空きスペースがあり、そこに飲料の自動販売機の設置と、バイクの駐車場として貸し出すことによって、月に1万円ほどの収入を得ています。

額としては小さいかもしれませんが、私がしたことは飲料メーカーに問い合わせて、設置を依頼。そしてバイク置き場も管理会社に募集の依頼をしただけです。

それだけで、実働はほとんどなく、年間12万円以上の収入になっています。


また、「相続で物件を引き継ぐ予定で、どうしたらいいかわからない……」という悩みをご相談いただくこともよくあります。

皆さんの頭を悩ませがちな相続物件ですが、私にはブランド品のバッグより輝くお宝にしか見えません。

古い戸建てでも借り手がつく可能性は十分にありますし、リフォーム費にお金がかけられない場合も、それなら倉庫としてまずはそのまま貸し出してみる。選択肢はいろいろあります。

**「こんな田舎、こんなボロさでは借り手はいないに違いない」という思い込みこそ、落ちているお金を見落としてしまう一因です。**

夫の場合は車を持っていたので、個人間の車の貸し借りサービス「**Anyca（エニカ）**」を提案しました。

早速実践したところ、思いのほか予約が入り、月に2万円弱の収入を得て、毎月の駐車場代を上回るようになりました。

これも彼がしたことといえば、サービスに登録し、多少の予約の問い合わせ対応のみです。自分で運転していない間に車が稼いでくれるという事実に、大興奮でした。

また、「土地とか車みたいな資産なんてないよ〜」と悲しむ方も、ちょっと待ってください。**知識や経験といった無形物も、立派な資産です。**

今までご自身が時間とお金をかけてきたことは、誰かに伝えたり教えたりすることで、お金になる可能性があります。

自分よりすごい人がごまんといるから……なんて思いがちですが、自分の当たり前は他人の当たり前ではありません。

私も、周りに億単位で投資している人ばかりでしたし、それが当たり前の環境だったので、「自分の経験」にニーズがあるなんて思ってもいませんでした。

夫に出会ったことで、自分が人よりお金に詳しいことに確信が持て、ＳＮＳで情報発信、副業でお金の学校を開校しました。

ＳＮＳで発信せずとも、**「ココナラ」**や**「ストアカ」**、または**「ランサーズ」**といった、個人間でスキルの売買ができるサービスを活用するのも有効です。

自分が息を吐けるようにできることだと、「こんな簡単なことがお金になるのだろうか？」と不安になる方もいるかもしれません。

でも、それこそ生まれ持った「才能」です。

まずは眠らせている資産がないか、自分の棚卸し（「①何にお金と時間をかけてきたか？」「②人からよく褒められたり、教えてほしいと言われることは？」を考える）をするところから始めてみてください。

まとめ

有形、無形を問わず、
資産を活用する視点で収入の柱は増える。

レッスン 22

# 転職に踏み出す前に試してみてほしいこと

「もっとお金がほしい！」と思った時に、考える手の1つに「自分の年収を上げる」ということがあります。

「転職か、大変そうだな〜」とため息をつく前に、とても簡単に取り組める方法が1つあります。それは、**現職の「給与交渉」です。**

同じ会社の中で、全く同じ仕事をしていても、新卒組や転職組で給与のベースが違うことはご存知ですか？

逆をいえば、自分がもっともらっていてもおかしくない場合もあるんです。

というのも、人材の採用活動には私たちが思う以上にかなりの費用が発生します。

採用人材の年俸の何十％もの報酬を、採用エージェントに支払うケースもあります（だから、転職市場はいつも活気づいてるんですね）。

つまり、**企業側もあなたにやめられて、イチから費用と時間をかけて再雇用・再**

教育するくらいなら、そのまま働き続けてもらいたいという気持ちが必ずあります。

では、どうするか。おすすめは面談の時などに、上司に「どうしたら給与が上がるのか」を素直に聞いてみることです。

何かクリアする条件があるのか、どういった成績を残せばいいのか。多くの人は交渉が苦手と言いますが、海外では給与交渉は当たり前。聞くだけならタダです。

どうしても聞きづらい人は、例えば「今度結婚するかもしれない」「親に仕送りが必要になった」など、本当になんでもいいので、理由を添えてみましょう。

お金が巡ってくるシンプルなルートに「目の前の人を喜ばせること」がありますが、それには上司も含まれます。

私は昔、女子力の高い後輩が、全然仕事はできないのに愛想を振りまいて高評価をもらっている姿を見て、「私だってこんなに仕事を頑張ってるのにおかしい！」とやきもきしたことがあります。

当時はどれだけ成果を出したのかという視点しかなかったのですが、会社は円滑に組織を回していく場所なので、お客様だけではなく、上司を喜ばせられるということも、評価基準に入ってしかるべきなのです。

ですので、「どのように行動し、成果を出せば上司を喜ばせられるか」を確認するのは、全く悪いことではありませんし、シンプルなだけあって早いです。

夫は、関連グループ会社から私がいた本社へ転籍が実現。上司にかけあい続け、残業が増えたことも大きいですが、付き合い始めてから4年で年収が200万円アップしました。

まとめ

**やみくもに転職を考える前に、現職の待遇を最大限改善してみるのも重要。**

コラム

## （３）ちょっとの工夫で、「お金がない」環境からは抜け出せる！

再び健一です！　いやー、衝撃的でしたね。ポイントって今まで気にしたこともなかったし、正直数百円のちっぽけな世界だと思っていました。ところが一度意識し始めると、今ではオンラインショッピングでも20％還元は当たり前になり、もらえたポイントも買い物に使えるから、コンビニでほとんど現金を使わなくなりました。

今までお金が減るのを怖がっていたのに、使っても着実に増えることもあるということに気づき、大興奮です（笑）。

ポイ活も、電車の待ち時間などのちょっとしたスキマ時間に取り組むだけで、「今、時給５０００円だな～」とニヤニヤが止まらなくなり、夢中で進められました。

そのくらいの日常のちょっとした工夫で、手元に残るお金は随分と変わり始めます。

彼女曰く、「自分に豊かさをもたらしてくれるもの」であれば、ポイントだってなんだってお金に変わりはないそうです。

僕はいつも「お金がない」とぼやいてばかりでしたが、結局のところ、自分の「ある」に目を向けず、「ない」ことばかりに視線を向けていたんです。

加えて今まで、お金を得る方法は、「労働」だけだと思い込んでいました。

お金がないと思いつつ、仕事が激務だった自分にはダブルワークでアルバイトをするくらいしか思いつかなくて、でも副業禁止規定もあるし……と、ハナから諦めていたのです。

それが、ちょっとしたサービスを利用する、持っているものを貸し出すだけで、こんなにお金が入ってくるようになるなんて!!

この世界をもう少し早く知っていたら、僕の経済状況はここまで悪くなっていなかったかもしれません。

でも、みんな今日が一番若いんです。本文でも解説していた「自分の棚卸し」を、ぜひ皆さんにも取り組んでみてもらえたらなと思います。

さて、チャプター4からは僕が知って一番興奮した世界、「お金に働いてもらう」に入っていきます。楽しみにしててくださいね!

チャプター

4

# お金を増える場所に置く

——貯金体質から投資体質にシフトする

10月某日

# 秋

## 稼ぐ以外にお金を増やす方法ってあるの？

**健一君、そろそろ毎月の手残り金が出てきてる頃じゃない？**

そうなの。信じられないんだけど、家計が黒字になって、口座残高が増え始めたんだよね。これまでお金ないキャラでいつもお金貸してって言ってたから、友達もマジでびっくりしてる。

**これまでのステップを正しくこなせば、増えるに違いないからね。**

じゃあ、次は何をすればいいかな？

**今、健一君はお金をどこに置いてるの？**

あいちゃんにもらったお金は神棚、ほかは銀行だよ。

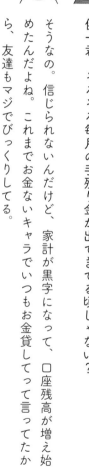

（神棚のお金はフェイクなんだけど……）そうだよね、銀行口座のお金自体は増えてる？

収入以外のお金は増えてないよ。ていうか、お金がミトコンドリアみたいに増えたら怖いじゃん。

あるんだよ、ミトコンドリアみたいな話が。お金って置き場を変えるだけで、意外なほど増えたりするんだよ。

えっ、それが投資ってやつ？　今まで借金しかなかったからなんだか信じがたいし、投資ってお金持ちがやることでしょ？

あま――――い！　手元のお金が少ない人ほど、投資はやるべきなんだよ。

でも投資ってなんか、いざとなると怖いっていうか……。

怖いと思うのは、まだまだ正しい「意識と知識」が足りてないからだよ。なんで増えるのか？　どんな置き場があるのか？　一緒に学んでいこ！

レッスン 23

# 「貯金で安心」という名の罠

お金は、貯金して口座に置いておくのが一番安心!

そう勘違いしている方も多いのですが、お金は銀行に置いておくと、実は自動的に目減りしていくものです。

日銀は物価上昇率目標を前年比の2%台と定めており、経済は緩やかにインフレしながら、ものの値段は少しずつ上がっています。

ここ最近は物価の上昇を肌身で感じているかもしれませんが、これまでも一見わからないような値上がりがたくさんありました。ステルス・インフレと呼ばれる、価格は抑えつつ、食品の内容量を減らすような方法で、企業も努力をしています。

**今口座にある1万円が、数年後も同じ1万円の価値があるとは、限らないのです。**

では、なぜ日本ではこんなに「貯金神話」が根強いのでしょうか。

というのも、かつては定期預金の年利が6%もついた時代が確かにあり、銀行が破綻する以外の元本割れの危険性もなく、お金を預けるだけでお金が増えていたという時代を、経験してきた人がまだまだ多いからです。

ところが、2023年現在における銀行の平均金利は0・001%……!! 頑張って1000万円を預けても、1年間に100円って、明日のコーヒー代にもなりません（涙）。

もちろんある程度の生活防衛費として、現金を手元に持っておくのも大切なこと。ですが、最低限、半年分くらいの生活費があれば十分だと思います。

**私の周りのお金持ちほど、現金としてお金を残さず、できる限り投資に回しています。**「お金持ち」というより「資産持ち」という言い方のほうが正しいかもしれません。

そう、稼いできたお金をせっせと銀行口座に閉じ込めるのではなく、「可愛い子ほど旅をさせろ！」なのです。

まとめ

「貯金で安心できる」は令和では幻！
大切なお金ほど、銀行以外の場所に置こう。

レッスン 24

# お金持ちルートを整える「投資の大原則」

ではいったい、どんなものに投資したらいいのでしょうか？

これには2つの軸があります。「自己資本」か、「金融資本」のどちらかです。

まずは自己資本への投資。稼ぐ力を身につけるため、自分のスキルアップにお金を投じていく行為です。

私自身、地方のド田舎出身です。地元に居続ければ職は限られてくるので、もしかすると日本の平均年収にも満たずに生涯を終えていた可能性もあります。

そこから、都内の大学に進学。在学中に留学し、英語力を身につけたおかげで、とある東証一部（現プライム）上場企業に就職することができました。

そして13年間勤務し、10か国以上も海外出張をさせてもらい、現地で貴重な経験を積んできました。これらの経験を総合してみると、これまでの自己投資に対してリターンが確実に何倍にもなっています。

また、不動産や株式投資を本格的に始める際にも、自己投資として何十万円もする投資スクールに通いました。副業で起業する時にも、高額な講座に通って学びました。

これらもすべて、今では何倍にもなって私の元に返ってきています。


よく「そんな高額、払えない！」と、学びに投資せずに自己流を続ける方もいらっしゃいます。しかし、やや乱暴な言い方になってしまいますが、私としてはさっさとお金を払って、サクッと学んだほうが効率はいいと思っています。

それでも、「勉強に大金をかけるのはもったいない！」と渋る方は、ぜひこの視点を取り入れてみてください。それは、**「いくら金額を払うか？」ではなく、支払った後の人生の濃さが変わる、「時間軸」の視点です。**

私が20歳の時に「英語が話せるようになりたい」と思ってアメリカへ1年間留学した経験を例に挙げましょう。

それ以来、会話に困らないので、海外旅行に行く時も1人でも行きたい場所に行けますし、「世界で何が起こっているか？」と気になった時に、最新のニュースを英語で知ることができます。

そして、この能力は一生続きます。

若いうちは自己資本に投資し、
徐々に金融資本への投資にシフト！
→富が富を呼ぶしかなくなっていく!!

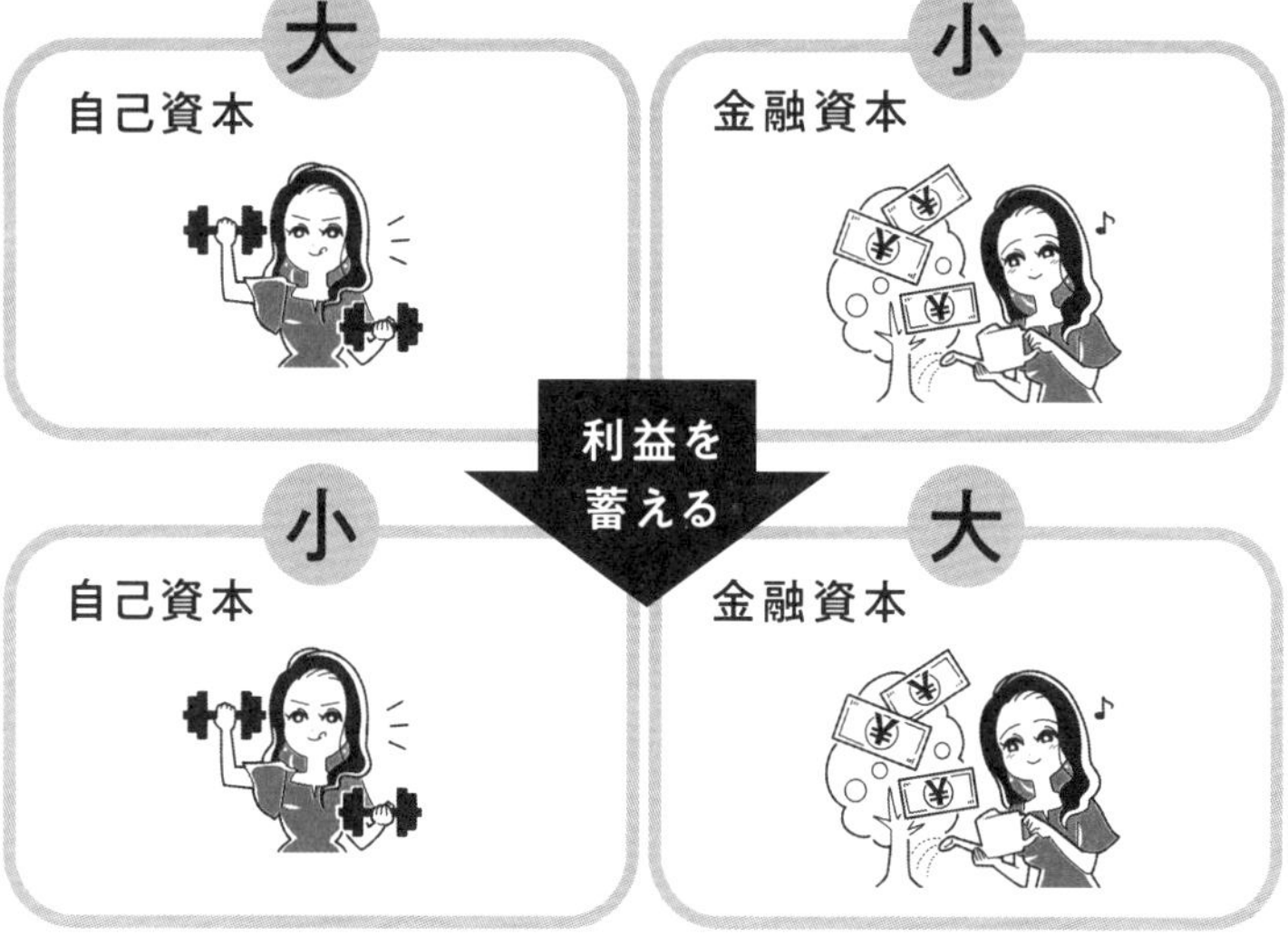


これが、10年かけて自己流でなんとか英語を身につけようとしていたら？

30歳で英語がペラペラになったとしても、そもそも英語を使った仕事には就けていなかったですし、その失われた10年間で、英語が話せることによって得られた機会や金銭的な損失は計りしれません。

**学ぶということは、時間をお金で買い、人生の濃度を変えることなのです。**

このように、自分の稼ぐ力にレバレッジをかけていくのが、自己投資の基本です。

もう1つの金融資本は、お金で権利を付与されるものを指します。そして、株式・債権・外貨・コモディティなど、さまざまな投資対象があります。

通常の金融投資は利益に対して約20％の税金がかかるのですが、これが不要になるのが、国が用意してくれている特別口座の「NISA口座（非課税口座）」や、私的年金制度である「iDeCo（個人型確定拠出年金）」です。

最低限、まずはこの上限枠内で金融商品を購入していくことをおすすめします。

一番理想的な形は、体力があって働き盛りのうちは自己資本を伸ばして種銭を増やし、年齢が上がれば、金融資本の割合を増やして今度はお金に働いてもらうこと。

自己資本と金融資本、それぞれのサイクルを回すことができれば、「自分株式会社」はこれまで以上にお金が増えるようになっていきます。

まとめ

2つの資本を軸に、
確実にリターンを得られる態勢を整える。

レッスン 25

# 最速で効果がある自己投資は「読書」!?

意外と知られていないこととして、読書と年収には相関性があります。

1カ月に1冊も本を読まない人が最も多い層は、年収300～500万円未満の人。そして、最も少ないのが年収1500万円以上の人、というデータもあります。

私の周りのお金持ちも、やはり本をよく読みますし、私自身、人生を本で変えてきたといっても過言ではありません。

私の場合、情報が遮断された田舎町に生まれ、当時はインターネットも発達していなかったですし、テレビはNHK以外見てはダメという両親の下で育ちました。

だから、幼少期から図書館の本を読み漁るしか、外の世界とのつながりを持てなかったのです。ただ、それは絶大な効果をもたらしました。

小学生の時、太っていることを揶揄《やゆ》されて傷つけば、ダイエット本を読み漁り、カロリー計算の仕方を覚え、適度な運動と食事制限で標準体型になることに成功。

高校生の時も、教師達の国公立大学至上主義に疑問を覚え、あらゆる受験書を読んだ結果、効率よく私立大学受験をする方法と出会い、現役合格。

私が不動産投資の方向性を固められたのも本の影響が大きいですし、離婚を決意したのも、起業を決意したのも1冊の本との出会いからでした。

新しい学びを取り入れるのに講座に通うのは高額ですが、**わずか1冊1500円程度で、先人の叡智をいただけるのであれば、利用しない手はないと思っています。**

あまり本を読まない人にとって、習慣的な読書は少しハードルが高く感じるかもしれません。ですが、一度に全部読まなくても大丈夫です。

1日数ページパラパラめくってみて、「1つでも気づきがあればいい」くらいの気軽さで全く問題ないと思っています。ぜひ試してみてください！

まとめ

**効率的にお金を増やしていくためにも、ちょっとした自己投資を忘れずに。**

レッスン 26

# なぜか投資に拒否反応が出てしまう理由《わけ》

続いて「金融投資」ですが、「投資って危なくないですか？」とよく聞かれます。

しかしこの質問は、表層的な言葉といろいろな情報を混同してしまっています。

まず、事件系のリスク。よく芸能人が投資で騙されて何億円もの大損失をしたといった、センセーショナルな事件がマスコミを中心に騒がれることがありますよね。

こういう言葉を見るたびに、「やっぱり投資って危ないのね！」と考えてしまう方もいますが、**いきなり何億円も損失するような事件は、ただの「詐欺事件」**です。

「○○万円お金を預けてもらえれば、リターンが確実に何％入りますよ！」と、何もしなくても儲けられるような仕組みを装い、お金を集めるやり方は少なくありません。

偉そうなことを言っていますが、実は私も一度引っかかって100万円ほど溶かしたことがあります。うまい話には裏がある。いい勉強になりました……。

こういった類の話も「投資」という言葉で一括りにされがちですが、お金が増える根拠を伴わないものは「詐欺」と区別して考えるようにしてください。

今では、投資する基準として、「なぜお金が増えるのか?」という仕組みを明確に自分で説明できる投資先のみを選んで、それ以外には手を出さないことにしています。

また、「投機」という言葉もぜひ覚えていただきたいです。

投機とは、単なる価格の上下差のために短期的に売買すること。上がるも下がるもどちらになるかギャンブルと同じで、損をする可能性も高いです。

一方で、「投資」は成長する確度が限りなく高いものに長期的にお金を投じる行為にあたります。FXも株式も、仮想通貨も投資という同じ言葉で括られがちですが、投機の側面が強い場合は、初心者の方には難易度が高いので、おすすめしません。

加えて、日本は金融教育が遅れているため、仕方がないことなのですが、投資に対して詳しくはわからないけど、「とにかく危ないものだ!」と断定してしまっている方も一定数いらっしゃって、特に世代が上がるにつれてその傾向は高まります。

## 世界経済は緩やかに成長を続けている

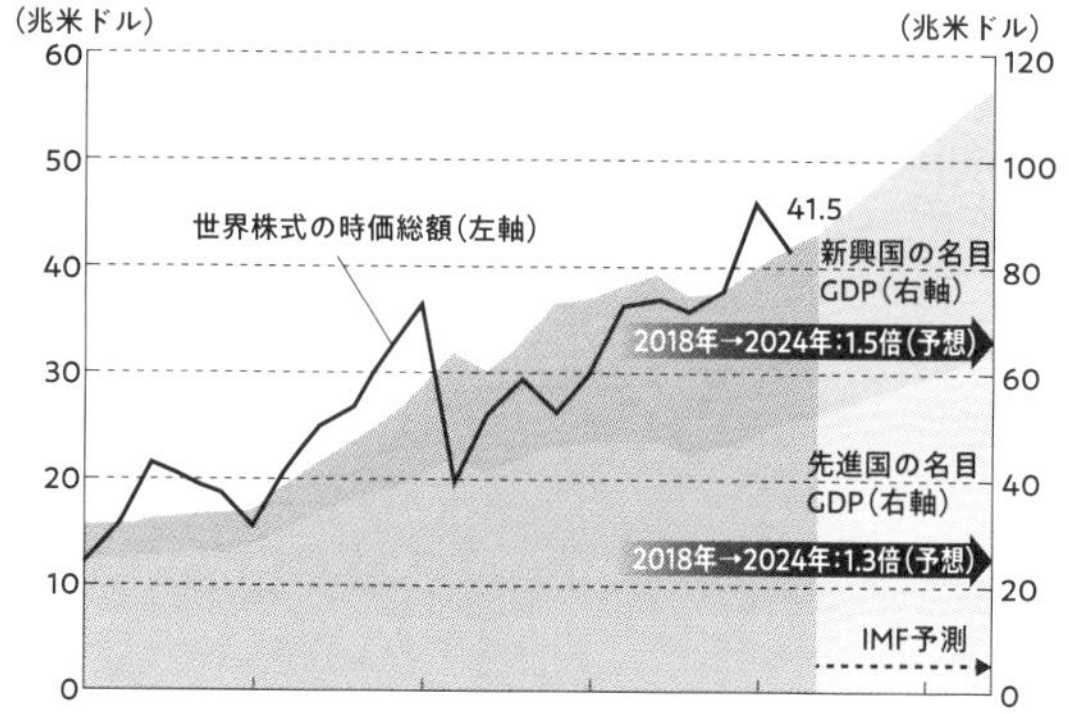


引用：世界の名目GDPと世界株式の時価総額の推移
（http://www.am-one.co.jp/fund/fundgroup/23）
IMF「World Economic Outlook Database, April 2019」

現に健一君もご両親の思い込みにつられて、この概念に囚われていました。

でも、正しい投資の仕方を教えたところ、**「お金って置き場を変えるだけで、本当に増えるんだね！」**と、いたく感動していました。

次のページで詳しくお伝えしますが、世界経済は緩やかに成長しているので、正しい知識を身につければ、投資は怖いものではないのです。

※上図は過去の情報であり、将来の運用成果等を示唆・保証するものではありません。

### まとめ

「詐欺」や「投機」と区別して、「投資」本来の部分にだけ注力しよう。

レッスン 27

# じゃあ、何に投資すればいいの？

「貯金だけでなく金融投資もしたほうがいいのはわかったけど、結局何から始めればいいの？」と思う人もいるでしょう。

書店に行っても、「株式投資の基礎」「仮想通貨の始め方」などなど、情報の洪水に飲まれ、結局足を踏み出せなかった夫のような人も多いと思います。

そんな人こそ、**リスクとリターンは比例するからこそ、まずは上がる確度の高いものに投資していきましょう。**

「確度が高いもの」とは何か？　それは**「全世界の経済」**です。初心者の方は、全世界経済に連動した金融商品を購入することをおすすめします。

というのも、世界経済は、前ページの図のように緩やかに成長しています。

日本ではなかなか実感しにくいのですが、まず、全世界の人口は増えていることを思い出してみてください。

1986年に50億人だったのが、2022年時点で80億人、国連は2080年代中に、世界人口は約104億人に達すると予測しています。地球レベルで考えると、100年で人口は2倍になった計算です。思ったより増えてる!!

資本主義社会においては、人口が増えれば、消費も雇用も増えて、経済は伸びていくと考えられています。

だから、世界経済に連動する金融商品を買うのが、確度が高いといえるのです。

それでは、具体的にどんな商品がいいのか？　初心者の方が、自分でイチから「どの金融商品がいいか？」と個別で探すのは、砂漠の中で砂金を探すようなものです。

そこで、**まずはさまざまな金融商品を詰め合わせたプロ監修の「幕の内弁当」である「投資信託（ファンド）」を購入するのをおすすめします。**

「投資信託」は、さまざまなテーマに沿った商品が存在しており、既に実績のある運用実績の商品を選べばいいですし、銘柄によっては100円〜と小額の購入が可能です。

まとめ

**世界経済に紐づけると、確度の高い投資が見えてくる。**

レッスン 28

# 初心者が購入すべき投資商品はこれ！

日本では、各テーマに沿った約6000種類程の投資信託が存在しています。

NISA口座も一般NISAとつみたてNISAがあるのですが、初心者さんは、長期でコツコツ積み立てることに向いた、後者のつみたてNISAがいいでしょう。

つみたてNISAで選べる銘柄は証券会社にもよりますが、なんと200弱も存在しています。

そして、「証券会社がたくさんありすぎて、証券会社を選ぶ段階からつまずいてしまう！」という方には、ネット証券での口座作成がおすすめです。

なぜなら、窓口があるような証券会社の場合、その分の人件費がどこで捻出されているかわかりますよね。無駄な手数料は、かけないに越したことはありません。

ネット証券は、一番取り扱い銘柄の多い「SBI証券」か、「楽天証券」がおすすめです。なおかつ、画面の見やすさと、他経済圏との兼ね合いでポイントが貯まりやすい楽天証券を、私は愛用しています。

投資信託は、次の3つのポイントで選ぶのがおすすめです。

**①インデックス型とアクティブ型**
**②運用資産の大きさと推移**
**③できるだけコストの低いもの**

まず①について。市場の平均値と連動しようとする真面目な公務員タイプを「インデックス型」といいます。そして、それよりさらに高い利回りを得ようとする、大きな夢を見がちなバンドマンタイプが「アクティブ型」です。アクティブ型は、基本的にハイリスクハイリターン。

長期で長く保有していく前提なので、**まずは結婚すると思って、安定した市場と連動するインデックス型を選ぶといいでしょう。**

そして②についてですが、あまりにも新設すぎる投資信託は、これからの上下がどうなるかわかりません。
そこで、1つの目安として純資産額が50億円以上になるものを選ぶと安心です。

最後に③。投資を続けていくにあたっては、いかにコストが低いかどうかも重要です。投資信託は、買う時、保有中、売る時、この3つのタイミングでコストがかかる可能性があります。

保有中のコストは運営会社が必ず必要とする経費なので、なるべく低いもの（最安値のもので0.1％）を選びましょう。

できれば、買う時と売る時のコストが不要な銘柄を選ぶとなおいいです。

はい、もうここまで見て、「結局どれを買えばいいのか、わかりません！」という方もいるでしょう。

この基準満たす銘柄を1つご紹介すると「eMAXIS Slim全世界株式（オール・カントリー）」がおすすめです。

具体的な購入方法については、このチャプターの最後で解説しますので、そちらをご参照ください。

ただハッキリ言って……この投資はめちゃくちゃ地味です。

ソファで寝転がってポテチでもかじる以外、購入後はすることがありません。

だからこそ、「いきなり」細かい動きをする株やＦＸで「大きな利益を取ろう！」と躍起になる方もいるんですね。

**でも、初心者さんは「お金ってほんとに増えるんだ！」という小さな成功体験を積み重ねることが肝心です。**

まずはお金が増えるしかない長期目線での投資の土台を作った後で、ある程度しっかりと余裕ができるようになったら、さらに難易度の高い投資に挑戦していけばいいと思います。

※ご紹介している銘柄や手法は投資の利益を保証しているものではありません。ご自身の判断でご進行ください。

まとめ

**目指すは「堅実」一択！**

**仕組みを理解して、お得に利用しよう。**

レッスン 29

# 株価の暴落は、「バーゲン」と心得よ

日本人の投資商品の平均保有期間をご存知ですか？

なんと、**3年と半年**だそうです。「次のサッカーワールドカップまで待てないなんて！」と、私にとってはとても短い印象です。

**というのも、金融市場は平均して、10年に一度のペースで暴落するサイクルを繰り返します。**そして、緩やかに右肩上がりで上昇を続けていくのです。

金額が大幅に下がるとやっぱり怖いですよね。でも、そういった時に手放してしまう人が多いのが実情ですが、これは実にもったいない!!

投資の格言に、**「恐怖で売って、強欲で買う」**という言葉があります。

これは、価格が下がると怖くなって手放し、価格が上がってくると「儲かりそう！」と色気が出て買ってしまうのが人の心理……という意味合いです。

つまり、この逆をやればいいということ。安くなった時に買えばいいのです。投資信託で毎月一定額を買うと、この手法が使えます。

**ドルコスト平均法というのですが、株価が安くなっている時は、安く買えます。女性の方はお買い物、特にセールと聞くとワクワクしちゃいますよね？**

市場がドーンと下がって一時的にマイナスとなると、怖く感じる方もいるかもしれません。ですが、「今はバーゲン期間だから安くたくさん買えてる♡」とワクワクし、いつかまた値上がりするからと、ドンと構えていただければ多少の価格の上がり下がりで一喜一憂しなくなります。

※ドルコスト平均法……価格が変動する商品に対して、常に一定の金額を購入すること。価格が低い時には購入量（口数）が増え、価格が高い時には購入量が減り、平均の購入単価がならされる。

まとめ

**ドルコスト平均法で長期的な目線で投資できる人が勝ち残る。**

レッスン 30

# 複利は「福利」。利益は使わず再投資が鉄則

さて、投資をしていくうえで忘れてはならないのは、「**複利**」の力！

これは、投資の運用益を再投資していくことです。でも、これだけだとなんのことかさっぱりわかりませんよね。

例えば、100万円を投資して、5％の利回りだった場合、翌年に投資できる元本金額は105万円になります。

すると、105万円を5％で運用すると、さらに110万2500円に……というように、**元本である雪だるまの雪がどんどん膨らんでいき、あとは増え続けるだけの笑いが止まらない状態になります。**

それをしっかり維持していくと、最終的には庭の小さな雪だるまだったものが、さっぽろ雪祭りで展示されるような大きなものになっていきます。

投資の利益には、保有しているだけでもらえる「**インカムゲイン**」と呼ばれる配当と、

## 運用益は分配型ではなく、複利の力が働く再投資型の商品がおすすめ！

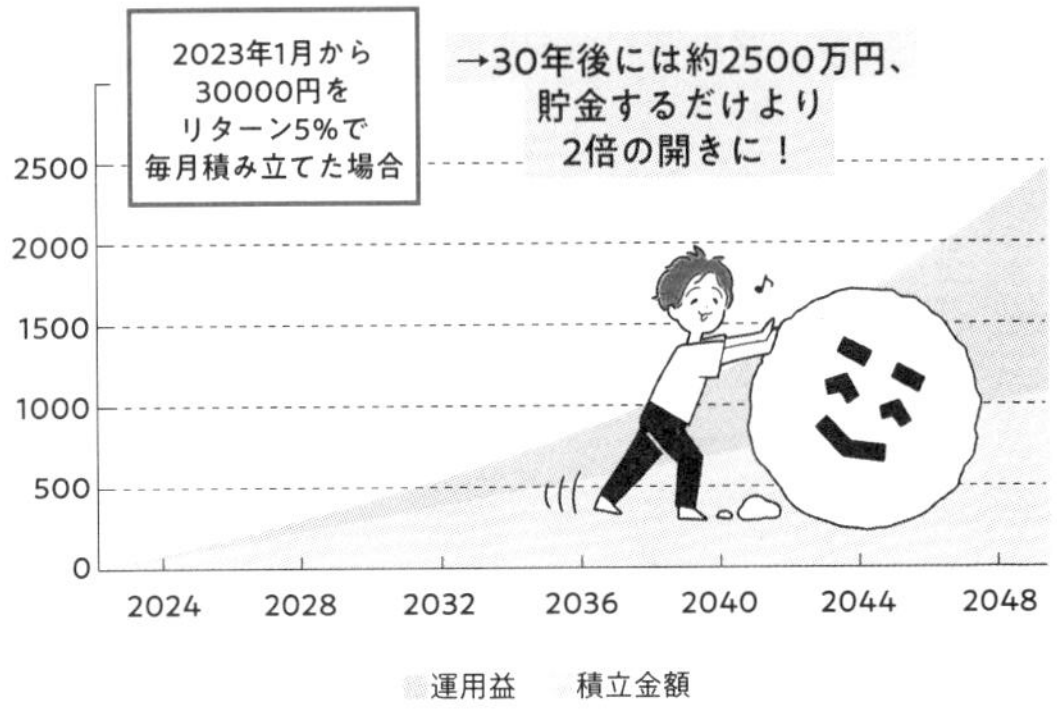


売却時に値上がりで得られる**「キャピタルゲイン」**と呼ばれる利益の2種類が存在します。

投資信託でも利益分配型といって、このインカムゲインを再投資に回さずすぐに受け取れる商品もあります。

ですが、それを受け取って、「やったー！飲みに行こう！」と使ってしまうより、複利の力を使って増やしていったほうが、将来の受取額は大きくなるのです。

できれば上図を目指すべく、長期目線で、利益は再投資の設定で購入するのがおすすめです。

**まとめ**

**複利の仕組みを理解して、長期的な戦略を立てよう。**

レッスン 31

# 早速、購入してみよう

老後2000万円問題がマスコミで騒がれた時期がありましたが、ただ不安になっただけで、行動に移せていない方も多いのではないでしょうか？

国としては世帯によっては年金だけでは不十分なので、**「いろいろな制度を提供するから、各自資産形成をしておいてね！」**というメッセージだったはずなんです。

その1つであるつみたてNISAは、20歳以上の日本在住者が開設できる非課税口座で、毎年の投資上限額が40万円、20年間で800万円となる制度です（※2024年に上限額ほか、さらに制度は拡充予定）。制度の概要を詳しく理解したい方は、金融庁の**「NISA特設ウェブサイト」**をチェックしてみてください。

今まで「何をどうしたらいいかわからなかった」という健一君のような方は、次の手順で進んでみてください！

## ●投資信託を購入するまでの具体的なステップ

### ①証券口座を開設する

前述の通り、画面が見やすくて使いやすい「楽天証券」を推奨。つみたてＮＩＳＡ口座は証券口座申請の時に合わせて開設する形です。

また、ポイ活サイトを経由すれば、口座開設でポイントもゲットできます。

### ②（希望者のみ）楽天クレジットカードを作成

積立は証券口座からだけではなく、クレジットカードでの引き落としも可能です。同じくポイ活サイト経由で作成すると、口座とクレジットカード作成で、キャンペーンのタイミングにもよりますが、１万ポイント以上獲得できます！

毎月の積立でもポイントはつきますが、その準備でお金がもらえるなんて…！

### ③銘柄を選定する

10年以上の投資期間が取れる方は、前述の通り全世界の株式に連動した銘柄、あまり投資期間が取れない方やローリスクローリターンを望む方は、債券が組み込まれているものがおすすめです。

**④実際に積立の設定をする**

「金額」を入力し、「再投資型」を選択。

年間上限が40万円なので、夫には月額33，333円に設定してもらってます。設定金額はいつでも1クリックで変更できるので、ご自身の無理のない範囲内で！

さらに、「楽天ポイントコース」で「すべての利用可能ポイントを使う」にしておくと、日常の楽天ポイントがすべて投資の元本に組み込まれていきます。

ちなみに、iDeCoのメリットは所得控除があることですが、原則60歳まで引き出せません。お金が動かせなくなるのが苦手なので、個人的にはNISAのみ使用しています が、資金に余裕がある方は、両方の上限額を使用してもいいと思います。

まとめ

**煩雑そうな手続きも、理解すれば実はシンプル。着実に投資への一歩を踏み出そう。**

コラム（4）

## 知れば知るほど、投資の世界って面白い

聞いてください！　あいちゃんから手取り足取り指導を受け、毎月の収支が大改善した結果、リボ地獄に陥っていた僕は、借金をなんと1年弱で完済できました！

いや〜、これは、本当に感動です。一時はお金が返せなくて、リボ払いの会社にさえ見放されそうになったこともありましたから。

そんな経済状況だった僕が、完済できる日がくるなんて……！

あのまま月日が流れていれば、僕の借金は減るどころか増えていたかもしれません。

ただ、奨学金は一部残ったままです。あいちゃんにも相談したのですが、奨学金の利率は0.8％と低い。それだったら急いで返済しなくてもいいから、その分手元のお金を投資にまわすことにしました。

実現可能性の高い年利4％程度で運用していったほうがいいとアドバイスをもらい、そのように実践してきました。正直、僕は今まで「投資はお金持ちがすること」と、自分とは関係ない世界だと切り離して考えていました。

しかも「投資」と聞くと、複数のモニターで昼夜チャートと睨めっこする……そん

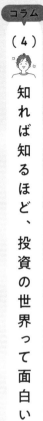

なイメージを持っていたので、到底自分には無理だと決め込んでいました。

でも、「初心者はまずは投資信託がいいんじゃない?」と教わり、証券口座を開設。最初はマイナンバーカードなどが必要で1~2週間かかりましたが、すすめられた銘柄を購入する手続きは、なんと5分程度……。「えっ、本当にこれだけで終わり?」と拍子抜けでした。

あとは積立の設定をすれば、毎月自動で購入されるので、もう本当にこれ以上の作業は必要ないとのこと。……う、嘘だろ!! 全然難しくないじゃん!!


完済してからは、ポイ活や車の貸し出し、お給料以外で得たお金をどんどん投資に回していきました。といっても、やることはほとんどなくて、そのまま1、2カ月すると、数%ですが、本当にお金が増えていたのです!

感動の連続でした。労働以外の副収入を得る方法は実践できていましたが、本当に僕が実働することなく、お金の置き場を変えただけで、お金が増え始めたのです。

楽しくて仕方なくなった僕は、投資信託の取り扱い説明書である「目論見書」を読み漁り、どんどんいろんな銘柄を調べました。

この頃から僕の趣味は「目論見書を読み込むこと」になっていきました。銘柄の数だけストーリーがあるんです（オタク気質なので、ハマると追及するタイプ）。

面白かったのは、「全世界株式」と「全世界」と銘打っていても半分以上の投資先がアメリカというケースが多いということ。

やはり経済の中心は時価総額ランキング上位企業が集中するアメリカなのです。ということで、最初は全世界株式の銘柄を買っていましたが、米国の割合を途中で増やしました。

気づけば投資信託にものすごく詳しくなり、試しに夫婦の共同財布からの捻出で、銘柄選定をしてもいいとお墨付きをいただくまでになりました。

そう、借金男から、一家のファンドマネージャーへと変貌を遂げたのです。

今では、あいちゃんが主宰する「お金の学校」で投資信託の目論見書の見方を解説させていただくこともあります。

正しく学べば投資は怖くない！　今であればそう断言できます。

チャプター

# 5

# 増えたお金を再投資する

――不動産投資で大きな「豊かさ」をつかみ取る

12月某日

# 冬

## でも、不動産投資って大変なんでしょ？

ね、お金って置き場を変えたら増えるでしょ？

本当に増えてた！　タイムマシンで過去の僕に戻って、この投資のやり方を教えてあげたくなったよ。……確かに将来のお金の不安はなくなったけど、あいちゃんみたいに経済的自由がほしい人はどうしたらいいのかな？

**世の中にはいろんな方法があって、アフィリエイトブログや起業や、本当にその人が好きで続けられる方法が一番いいと思う！**

じゃあ、なんで数ある方法の中で「不動産投資」だったの？　不動産こそ、相当なお金持ちしかできないと思ってた。

「家賃をなくそう！」って発想からスタートしたのと、「資産を活用しよう」って話をしたと思うんだけど、「会社員」っていうステータスがすでに資産なんだよね。

会社員が資産？

そう！　勤続年数は立派な「信用」だから、それを元に銀行がお金を貸してくれるんだよ。あとね、不動産管理のほとんどはアウトソーシングできるから、本業がある人にはものすごくおすすめな副業なんだよね。

そう言われても、やっぱりめちゃくちゃハードル高そうな気がするね……。

確かに、最初はそうかもしれない。でも敷居が高そうって思われて参入人口が少ないだけで、普通のOLの私でもできた。株やFX、ほかの投資もいろいろやってみたけど、不動産が一番再現性が高かったんだよね。ここからは、未来の健一君のために、その方法を詳しく解説していくよ！

レッスン 32

# 負債ではなく「富債」を背負え

私の場合、資産を爆発的に増やせたのは、不動産でした。

不動産投資と聞くと急に「自分には無理だ……」と感じられる方も多いかもしれないですが、考えてみてください！　家に住まない人はいません。

株式やほかの投資は無関係のまま生きていけるかもしれませんが、賃貸にせよ持ち家にせよ、**不動産は生活していく中で必ず関わるものなので、知識として持っておいて損はないのです。**

金額のハードルも、私が最初に購入したのは980万円の自宅マンションですし、その次に購入した投資物件は200万円の戸建てと、無理のない小額から始めました。

また、融資を効果的に使うことで手元に全額なくとも購入することは可能です。

日本では「借金は悪だ！」という考え方が染みついていますが、**どんな大企業で**

も無借金経営をしているところなんてほとんどありません。事業拡大のために、借入＝レバレッジを活用しています。

金利を払って、本来はその資金が貯まるまでかかっていた時間を買っているのです。

借金が怖くなるのは、返済の見込みが立たなかったり、借入額よりそれで買っている品物のほうが価値の低いケース。

実際に借入額より価値があるものに対して融資を受けられるのであれば、それは負債ではなく「富債」と個人的には捉えています。

しかも、個人でお金を借りる場合、会社員や公務員といった人は、勤続年数の長さや年収の高さも立派な信用力となり、銀行がお金を貸してくれやすいのです。

世界で見ても、こんなに投資をするのに、銀行が積極的に低金利でお金を貸してくれるケースはありません。日本は不動産投資に恵まれた土壌を持っているといえます。

ただし、不動産投資というと、投資用区分マンションの1室に投資するワンルームマンションを思い浮かべる方も多いかと思いますが、こちらは要注意。

「私も不動産投資してるんです〜」と声をかけていただくと、「大家さん仲間だ！」とめちゃくちゃ嬉しくなるのですが、話をよくよく聞くと、「新築ワンルームやないかい！」と盛大に突っ込むということがよくあります。

ワンルームマンションの販売会社は数えきれないくらい存在し、営業担当の多くが「節税対策」「年金代わり」という甘い言葉で誘惑してきます。

一部の高所得の方は、本業の収入と通算で赤字の申告をすることで節税メリットを得られるかもしれませんが、問題は物件を実際の市場価格より高値でつかまされているケースがあるということ。

質の悪い業者は、返済期間中の修繕費や入退去にかかる費用などをきちんと伝えていないことも多く、売却しようとした時に、初めて残債より低い金額でしか売れないと気づかされるのです。

これこそ、まさに**負債というより「腐債」**です。

人生から豊かさを奪ってしまうものになりかねないので、ご注意ください。

**まとめ**

**不動産投資は意外とハードルが低く、融資を上手く活用することで、規模拡大できる。**

ぼくにはまだ遠い話だよ～
知っておいて損はないよ

レッスン 33

# 本気で投資に臨むなら、適した環境に身を移す

「自分の周りの5人の平均年収が自分の収入になる」と言われているのはご存じですか？　ということは、逆にこの力を利用して、**理想の収入・行きたい未来を叶えている人と肩を並べる環境に身を置けば、お金の増えるスピードが速まります。**

私も不動産投資を始めた時、大家さんのコミュニティに入ってまずは学びました。そうすると、何億も物件を持っている人がゴロゴロいる。そこで、何千万単位、億単位の物件を野菜でも買うかのように扱った話をしているわけです。

「まだ物件持ってないの？」と聞かれ、「あれ？　なんで自分はまだ物件買えてないんだろう？」と思うようになる。

持っている自分のほうが当たり前、と脳を錯覚させるわけです。起業した時も同様に、楽しく稼いでいる人ばかりのオンラインサロンに入り、**先人の「当たり前」の概念を知るところから始めました。**

で、こういう話をすると、「でもそんな環境ありませんー」というお声をいただくのですが、それはリサーチ&行動不足です。

私だってイチから始めた時は、周りには投資をしている人なんていなかった。むしろ、不動産を見に行けば、アラサーの女子なんて「お嬢ちゃん、お部屋でも探しにきたの？」と、相手にされず、心が折れそうになったことは何度もありました。だからこそ、ネットで調べて「自分の未来を叶えているな」と思う方のＳＮＳをフォローし、そこからイベントがある時は勇気を振り絞って参加させていただいたりしたのです。そうすることで、投資の世界の知り合いが増えていきました。

先人を見た時に、「どうせあの人は特別だから、自分には無理だ……」と諦めるか、「ほかの人ができたということは、自分にもできる！　先行く未来を見せてくれてありがとう」と捉えるかで、未来は全く違ったものになるのです。

まとめ

取り巻く環境に視線を向けることも、資産を増やす可能性が秘められている。

レッスン 34

# 私が「ヤドカリ投資」に目覚めるまで

それでは、ここからは私が実際に実践してきた、自宅を買って住み替える「ヤドカリ投資」の方法を具体的にお伝えします。

実際、「不動産価格は高止まりしてるから、今買うと割高なのでは？」というお声も多いです。

ただ、そこは中古品の売買アプリ「メルカリ」を想像してみてください。

**自分が狙っている商品を買おうと一定期間観察していると、突然安い金額で出品されることってありませんか？**

まさに、それです！　不動産も金額が大きいだけで、**壮大なメルカリ**と捉えて問題ないですし、どんな市況でも割安物件は存在します。

初めて私が物件を買ったのは、８年前のことでした。

当時、首都圏の某ターミナル駅在住で、投資スクールに通い、基礎知識を付けた後、まずは自宅用の物件を探しました。

設定した条件は、①50平米以上の3LDK、②築30年以内の中古マンション。

1カ月ほど相場を観察して、このエリアだと私のほしい物件は1500万円前後であることがわかっていました。

そんな時、たまたま最寄り駅の不動産屋の店頭広告が目に入り、時が止まりました。なんとリフォーム済みの3LDKの物件が1080万円で売りに出されていたのです。

一度、通りすぎかけたのですが、思わず戻って3度見しました(笑)。

駅からは少し距離がありましたが、イオンに隣接しており、ファミリー需要は間違いなくありそうでした。そう、大型ショッピングセンターがあるエリアは栄えているケースが多い。警察官の友人も「いつも事件はイオンで起こっている」なんて、冗談を言うくらいです(笑)。

初恋ってこんな感じだったかも? そんなときめきを抑えきれず、その場で「今すぐ見せてください!」とお店に飛び込みました。

聞けばこの物件、相続の相続でした。

同じマンションの隣同士で住んでいた親子と身寄りのない女性。この女性が亡くなった時、よくしてくれた隣の親子に物件を譲りたいと遺言を残していたのです。

ところが、その親子の母親もほどなくして他界。息子さんは自宅と隣家をほぼ同時に引き継ぐことになりました。

一方、息子さんも不動産の知識があるわけではありません。困って近所の不動産屋にお願いして、当初は賃貸に出そうと募集するも入居が決まらず、早く売却できるようにお願いしていたため、相場より安く売り出されていたという背景がありました。

不動産購入は初めてでしたが、そこに迷いはありませんでした。すぐに申し込み、価格交渉の末、980万円で購入しました。

その後、2年弱そこに住みながら、少しずつリフォームしてバリューアップ。もともとの相場価格より少し強気で売りに出したところ、**なんと1600万円で売れました。**

**不動産価格は株式のように日夜大きく上がり下がりするわけではありません。**

本来の周辺相場では1500万円の価値がある物を3分の2の価格で買っていただ

けのこと。そこから適正価格で売れるのも当たり前のことなのです。

購入時の諸費用や売却時の諸費用、リフォーム費などもかかったので、実際の利益は400万円ほどでしたが、それでも当時の私の手取り年収よりも多く、さらにその居住期間中は、家賃も払わなかったことになります。


これは、今までの自分の人生の価値観をひっくり返す衝撃的な出来事でした。

あくせく1年間、課長の指示で作成した書類を、部長から全部ひっくり返される。**そんな理不尽な仕打ちにも歯を食いしばって耐えた1年間分のOLとしての労働よりも、ただ「買って・住んで・売って」をしただけの不動産の売却益のほうが多いのです。**


えっ、なんならこれをずっと繰り返せばいいじゃん！

また、もともと年間100万円ほど貯金できていたのが、この当時から家賃を払わなくなったことで、約200万円と加速度的に手残り額が増え始めていました。

さらにこの不動産の売却益を使用して、200万円の戸建てを投資用に現金で購入しました。

そして自分でのDIYも織り交ぜながらリフォームしたところ、6万5000円で借り手がつき、20代の頃に思い描いた、「あと月に5万円副収入があったらな……」という願いがあっさり叶ってしまったのです。

こうして不動産で得た利益と収入を、新たに投資用として不動産を購入することで、再投資をしていきました。

もうこうなると、**資産を買ってその資産がお金を生んで、それでまた資産を買う**……やっぱりなんだか、ミトコンドリアを培養しているような感覚です（笑）。

最初はおっかなびっくりだったのが、段々と扱う金額も上がっていき、気づけば30代半ばで総投資額1億7000万円、家賃収入も月7桁超えになっていったのでした。

まとめ

**価値ある物件との出会いは一期一会。機会を逃さぬよう用意は周到に。**

レッスン 35

# 割安物件を買うまでのフロー

先ほど私が購入したケースのように、そもそもなぜ、物件が本来の価格よりも安く売られてしまうのでしょうか?

代表的な理由として、「①知識がない」「②早く売りたい」が挙げられます。

## ①知識がない者からある者へお金は流れていく

私の物件1号のように、「相続」で物件を引き継いだ場合など、売主がそもそも物件に興味がなく、価値に気づかずに安く売りに出してしまうケースがあります。

また、これも一般の方からすると驚かれるかもしれないのですが、「不動産屋さんの値付けミス」ということも往々にしてあります。

「不動産屋」と聞くと一括りに「その道のプロ」だと思いがちなのですが、不動産屋さんの中でも得意分野はさまざまです。

例えばお医者さんでも、○科といった括りがありますよね？

不動産屋さんも、中古の実需（自宅として買いたい需要のこと）、新築、投資用、賃貸……とそれぞれ強みは異なり、**専門分野でない物件を取り扱った際に、価格設定を間違えてしまう場合があるのです。**

私が購入した自宅3号、4号も共に市場価格より割安だったのですが、これもふだんはお部屋探しの賃貸ばかりやっている業者さんが、売却を頼まれてうっかり値付けミスをしてしまった、というケースでした。

内見に行った時に、営業担当が「いや〜、ものすごい問い合せがきちゃって。安く出しすぎちゃったかな、てへっ★」——と、この人にだけは絶対売却はお願いしたくないな、と思いました（笑）。

## ②とりあえず早く売りたい

「売り急ぎ」という言い方をするのですが、例えば相続で、相続人と分割したいので早く現金化したい、住み替えで次の物件を購入するのに早く資金がほしいなど、さまざまな理由があります。

価格が安ければ安いほど、買える人は増えるので、早く売却できるのです。

こうした背景によって、どんな市場でも物件が安く出てくることがあります。投資家の間では**「ネットに数百万円落ちてる……!」**なんて言い方をするのですが、それをきちんと拾っていくことが大切です。

金融投資と違って、相対取引であるところも不動産投資の面白いところで、**相場はありつつも、市場価格のような均一ルールがあるわけではありません。**あくまでも売主と買主で合意ができれば、価格はいくらでもいいのです。

イメージしづらいかもしれないので、次ページから購入までの流れを結婚に例えて解説してみました。婚活をしたことがある女性には声を大にしてお伝えしたいのですが、家探しと男性探しは全く同じです!

まとめ

**どんな市況でも、割安物件は見つけられると心得る!**

## 不動産購入のフロー

STEP 1　物件検索（出会い探し）

↓

STEP 2　内見 ( デート )

↓

STEP 3　買付証明を入れる（交際申込み）

↓

STEP 4　契約書締結（婚約）

↓

STEP 5　銀行融資申請&承認（両親挨拶）

↓

STEP 6　決済&引き渡し（結婚）

↓

STEP 7　必要に応じてリフォーム（見た目大改造）

※購入に際しての必要な諸経費は、不動産価格の８～10%と心得ておきましょう

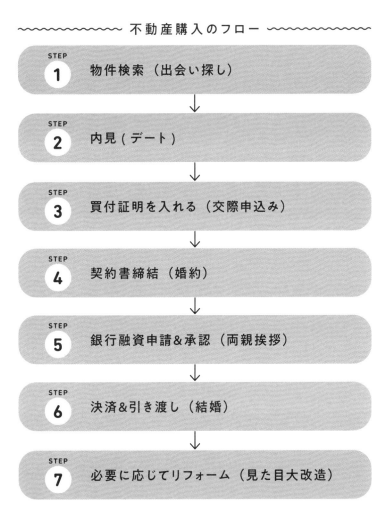

レッスン 36

# 出会いを見つける：物件検索

それでは、物件の探し方を見ていきましょう。

「投資家は特殊なルートで購入しているに違いない！」と勘違いしている人も多いのですが、一般の方と同じサイトを使っています。

おすすめは、「ニフティ不動産」。複数の不動産検索サイトが串刺しで見られるサイトです。あともう1つだけに絞るのであれば、「アットホーム」もおすすめです。売主さんから直接物件を預かっている不動産屋さんが多いのが特徴です。

両方ともスマホ用アプリがあるので、アプリで検索すると使いやすいでしょう。

さらに一歩踏み込んで投資家専用サイトが見たい方は、「健美家」「楽待」が代表的です。

そこから、次のようにほしい物件の条件を決めて、定点観測していきます。

●エリア……**人口が増加傾向にあったり、再開発されているエリアが特におすすめです。**人口の動向は市区町村のホームページで確認できます。

●**駅からの徒歩分数**……都心であれば10分以内が望ましいですが、少し地方部であればその限りではありません。また、車社会であれば、駅からの距離よりも、駐車場があるかどうかのほうが重要です。

●**築年数**……築15〜30年くらいの物件は価格の下落が落ち着いてきて、緩やかな横ばいになっていきます。

例えば、同じ5年後の売却でも、新築→築5年だと、新築好きの日本人からすると、新築の貴重さはなくなり価格が落ちる可能性もありますが、築20年の物件を購入し、築25年で売却したとしても、価格変動は少ないケースが多いです。

**できれば、中古の場合は修繕費がかさみ始める築30年以内を推奨しています。**

長期修繕計画を見て、積立修繕金が貯まっていれば問題ないのですが、一旦30年を目安にするといいでしょう。

●広さ……**ファミリータイプを視野に入れる方は50平米以上がおすすめです。**住宅ローン減税が使用可能なため、後に売却する際に、購入できる層が広がります。
また、住宅ローンの中でも一番借りやすいといわれている「フラット35」という商品があります。

マンションの場合は30平米、戸建ての場合は70平米から使用可能なので、そこも1つ指標にしていただけるといいでしょう。

●価格……住宅ローンの上限は、一般的には年収の5〜7倍といわれています。
ただ、上限額＝予算とせず、**月々の返済額＋マンションの場合、管理費と積立修繕金もかかるので、それもふまえて無理のない支払い額か検討しましょう。**

また、購入しようとしている物件が、「貸したとすると家賃がいくらになるのか？」を確認しておくのも重要です。返済よりも家賃のほうが低ければ、万一貸したとしても赤字になってしまいます。

「ニフティ不動産」で賃貸物件もチェックできるので、同条件で検索をかけて、家賃相場を見てみてください。

賃貸需要があるかどうかは、**「【ホームズ】見える賃貸経営」**というサイトで、空室率やエリア、間取りの需要を確認できます。

そして、ある程度の条件を絞り込んだら、検索サイトで新着条件として登録しておきましょう。後は毎日新着物件を眺めて、自分が設定した物件が、どのくらいの価格なのか、相場観を養います。

1日5分、歯磨きをするついでにワクワクお宝探しをするくらいの感覚で大丈夫ですので、全く難しくはありません。

気になった物件は、マンションの場合は**「マンションマーケット」**、戸建てや土地の場合は**「土地総合情報システム」**というサイトで、過去の売出し価格をチェックすることができます。

そうして、**数週間〜1カ月ほど観察し続けると、物件価格が高い・安いという感覚がわかるようになってきます。**

気になる物件は、「物件の資料をいただけますか?」と、どんどん問い合わせてみてください!

**※住宅ローン減税**……年末に住宅ローンの残高の0.7%を所得税(一部、翌年の住民税)から最大13年間控除される国の制度。使用できる物件は条件があるため、対象物件にしておくと、売却の際購

入したい層が増えるので有利になります。

※**フラット35**……住宅金融支援機構が全国の金融機関と提携して扱う「全期間固定金利型の住宅ローン」のこと。固定金利なのと、一般の住宅ローンよりも借りやすいのが特徴です。

※平米数は壁芯・内法と呼ばれる基準があり、広告表示は壁芯が多いが、住宅ローン減税やフラット35は内法がベースとなるため要注意。

**まとめ**

**ほしい条件がわかってくれれば、あとは宝探し! ワクワクしながら待ちましょう。**

レッスン 37

# 割安物件をゲットする3つの条件

物件を安く購入できるパターンは次の3パターンが多いです。

## ①相場より安く出た物件に対して、一番手を奪取する

これはチータータイプと呼んでいて、私が一番得意とする手法です。

常にサイトをチェックして、いい物件があれば即問い合わせ、即内見！　のパターンです。

物件を定点観測するようになるとわかるのですが、**いい物件は本当に数時間で広告掲載から落ち、瞬殺されていきます。**

このパターンでは時間勝負になるため、問い合わせも電話がマストです。

不動産業界はまだまだ古い業界で、業者さんがメールをうまく使えない可能性もありますので、一番手を抑えるためにも、電話で状況をヒアリングしたほうがいいです。

「売却理由」や「内見可能日」をヒアリングし、最速のタイミングをおさえましょう。

## ②売れ残り物件に価格交渉をする

**今ネット掲載に出ている物件は、ほとんどが売れ残りです。**

単に価格が高すぎるものから、不動産会社さんの広告掲載内容で価値が伝わっていないなど、理由はさまざま。

例えば、「土地」として売られているのに、実はまだまだ使用可能な戸建てが建っている……ということがよくあるように、**不動産投資は「歪み」を見つけていくゲームなのです。**

また、「実はイケメンなのに、少し服装がダサい（室内が汚れている）」だけで人気がないという場合もあるので、自分の手でリノベするつもりで購入するのもアリです。

特に売出し時期を確認して3カ月〜半年以上の時間が経過している物件は、売主さんも、「そろそろ値下げしてもいいかも……」と思っている可能性があります。

値下げも含めて「交渉」を嫌がる方もいるのですが、売主さんも、不動産屋さんも「物件を売りたい」というのが本音です。

そこで、全員が納得のいく解が出る「提案」であれば、全く悪いことではありません。

ぜひ、営業担当に値下げの可能性・その場合の金額をヒアリングしてみてください。

### ③不動産会社の担当者と仲良くなり、表に出ていない物件を紹介してもらう

これは情報の流れを川に例えて、川上《かわかみ》物件と言うこともあるのですが、最初からいきなりは難しくとも、「本気で買いたい人」と営業担当に認定され、信用を積めれば、可能性は十分にあります。

というのも、彼らは、広告活動から内見をしてもらい、申し込みをもらうという手順を繰り返すので、手間暇かけるよりは、確実に購入したいお客様が事前にいれば、広告掲載前に声をかける……ということも少なくないからです。

最初から優良顧客に食い込むのは難しいかもしれません。

物件を見ながら営業担当と仲良くなり、ほしい物件の条件を伝えておけば、以降継続して紹介してもらえる可能性があります。

私は内見に行く時は、物件を見ることも大事ですが、「いかに営業担当をこちらの味方につけるか？」という視点を持って、営業担当の攻略法を考えています。

## ●注意すべき条件の物件

物件の資料を取り寄せた際、割安な場合によくある次の条件に注意してください。

**※借地**……土地の持ち主、地主が別途存在し、借地料を支払うことで土地を使用させてもらえる状態。土地の価値は下がるため、所有権と比べて安くなるが、銀行によっては住宅ローンが適用できないなどのデメリットあり。

**※旧耐震**……1981年に耐震基準が改定。この新基準になる前に建築申請が通っている物件を旧耐震と呼び、こちらも住宅ローンで取り扱ってもらえない場合があります。

**※賃貸中**……賃貸人がいる物件は、退去日が明確で自己使用できることが確定していない限り、住宅ローンでは購入できません。そのため、相場価格より安くなっていることが多いです。逆に現金か投資用ローンで購入し、賃貸人退去後、実需として売れば、購入価格より高くなるという投資手法も存在します。

まとめ

ちょっとした工夫と努力で、割安物件は確実に見つかる。

レッスン 38

# 良縁と巡り会うデートのお作法‥内見

気に入った物件があれば、どんどん見に行きましょう！

面白いのが、図面で見ていた情報と、実際に内見して見た印象は違うこと。最初は条件が絞れていなかったとしても、見に行く中で、例えば「日当たりのよさは譲れないな」だったり、「ナシだと思っていたけど、行ってみたら逆にアリだった」ということもあります。

私の場合、自宅3号はそれまで「ナシ」だと思っていた1階の物件です。

1人暮らしになるので防犯上、1階は外していたのですが、内見に行ってみるとベランダと外部に頑丈な仕切りがあり、乗り越えられないような造りになっていました。

内見に行く際は、物件だけではなく、実際に物件から駅まで歩いてみるなど、周辺環境もしっかり確認しましょう。

また、マンションの場合、注視したいのは管理状況です。これも本当に人と同じで管理が行き届いている物件は築年数が経過していてもキレイなのですが、管理が行き届いていないと、築年が浅くても劣化が進んでいる物件があります。

マンションは、「修繕積立金」という住民から修繕のために自動的に積み立てるお金で、10年ごとの大規模修繕や、日々の修繕を賄っているので、そのお金が足りなくならないか、積立計画の表があるはずなので、営業担当に確認してみましょう。

ちなみに、日常の管理から長期の修繕計画はマンションの住民で構成された「管理組合」で運営されています。年度毎に交代制である場合が多く、よく「今年組合の役員になっちゃったよ〜」なんて嘆いている方がいらっしゃいますが、**私はあえて立候補して組合に入らせていただいてます！**

40〜60代の他役員に紛れて、マンション全体の収支の改善について物申す最年少。

自分の大切な資産ですから、どのように運営されているかアンテナを張ることは大事だと思ってます。

まとめ

**当初の条件に合致しなくても、内見で評価がガラッと変わることもある。**

レッスン 39

# いざ、交際の申し込み！・・買付証明

こうしてたくさん物件の情報を見て、内見に行って……を繰り返していると、「これは！」と思う物件に出会えます。

過去8年間、不動産が「今は高い」と言う中でも、3カ月〜最長半年も探せば、気に入る物件を見つけられ、自宅を4回購入することができました。

そんなこれまでの経験から言える大切なことは、**絶対に変えられない土台の条件を重視して、直せるところは甘めに見ること！**

**例えば不動産で一番大事なのは、「立地」**だと思いますが、室内が汚れている・多少のリフォームで直りそう……といった表面上の条件で外すのはもったいないです。

「不動産はご縁」とはほんとによく言ったもので、「ここいいな！」と直感が働けば、それはゴーサイン。「自分がときめいた！」と感じたということは、売る時も貸す時も誰かのときめきになるということです。

値段交渉はこのタイミングです。営業担当は売主さんとある程度値引きが入った時の対応を決めているケースが多く、「どのくらいであれば、指値（値引き交渉のこと）に応じてくれそうですか？」と事前に聞いておきましょう。

リフォーム費がこのくらいかかりそう……などの具体的な見立てがあると交渉しやすいですが、不動産の価格は、1280万円、980万円と端数があることも多いです。

これは、先方も交渉が入る前提で設定している場合が多いので、「端数分は値引きしていただけませんか？」と聞いてみましょう。

また「買付証明書」とは、「この条件で購入したいです！」という意思表示。

基本的には、この証明書の提出の順番で購入希望者の順番が決まります。

法律上の制約力があるわけではありませんが、これを持って不動産の営業担当は、売主さんと交渉に入ります。キャンセルすると失礼にあたるので注意してください。

私は一番手を逃して悔しい思いをしたことが何度もあるので、不動産を積極的に探している時期は、買付証明書をいつでも書けるよう、印鑑を常に携帯する印鑑女子になります。

ちなみに自宅2号の時は、問い合わせをした時点では、すでに契約予定とのことで、諦めておりました。

その後忘れた頃に営業担当から電話があり、なんと契約締結&前金支払いまで完了していたカップルが破局してしまい、キャンセルになったとのこと。

ほかにも、**「3番手から、まさかの繰り上げ当選！」**というケースもありました。可能性は0ではないので、一番手を逃した場合でも、ご縁を感じたのであれば、エントリーしてみるのもいいでしょう。

まとめ

**一番手ではなくても、チャンスが巡ってくることはある。焦らずしっかり申し込もう。**

レッスン 40

# 婚約と結納は特に慎重に‥契約書締結&手付金支払い

さて、無事売主さんと合意が得られれば、契約書を取り交わします。内容に不安がある方は、司法書士さんなどの契約書のプロに見てもらってもいいと思います。仲介の不動産会社さんは一般的なフォーマットを使用している場合が多いと思いますが、「特約」事項は注視しましょう。

一番気をつけたいのが、「ローン特約」という、万一ローンが通らなかった場合、手付金を全額返済してもらい、契約を解除できるという条項。

そこをしっかり頭に入れておき、また、契約から引き渡しまで長めに期間を取っておくのがおすすめです。

というのも、私は離婚・再婚と名字が変わっており、個人の証明書がたくさん必要でした。

その手配に時間がかかり、銀行のローン承認が想定より長引き、あわや決済日に間に合わないかも……ということがあり、滝汗をかきました。

婚約&結納に例えさせていただきましたが、この時点で物件を確実に購入予定のお約束として、**売買代金の一部を「手付金」としてお支払いします。**

物件価格の10%程度が目安ですが、金額は営業担当と事前に相談してください。

支払った金額は、無事物件が引き渡しされる時に、購入金額として充当されます。

また、「本当にこの物件を買っていいか？　何か瑕疵《かし》はないか？」が気になる方はその道のプロが住宅の性能を評価してくれる**「ホームインスペクション」**というサービスもあります。

引き渡しまでに利用するといいでしょう。私も初めて戸建てを購入する時は、実施しました。

まとめ

**契約は注視すべきところが目白押し。不安な場合は外部に頼るのも1つの手。**

レッスン 41

# ドキドキの両親挨拶‥銀行融資申請&決済

銀行は、不動産会社から紹介してもらうか自分で探すかの2パターンがあります。ネットバンクであれば、金利は変動金利で0.5%を切るような商品も多数存在します（2023年1月現在）。

個人事業主さんや転職したて、年収が低いなど、借入できるか不安がある方は、レッスン36でお伝えした「フラット35」が一番融資基準が低く、借りやすいので、ぜひトライしてみてください。

まず、会社名や年収、物件情報といった簡単な情報で審査に回す事前審査があります。こちらは数日で結果が出ることが多く、無事通過後に本審査に入ります。

両親挨拶に例えさせていただいただけあって、何千万円の買い物ができるかどうか、しっかり見られ、提出書類も本当に多岐にわたるため、スケジュールに余裕を持ちましょう。

最終承認後に、融資条件が確定するため、**何行か同時進行で審査に出してもいい**と思います。

ここで、うちの夫のようにクレジットカードの返済が滞った事故歴があると、否決されてしまう可能性大です。

また、注意したいのは、携帯電話を割賦販売といって、分割払いしている方。

金額は小さいですが、うっかり引き落とし漏れがあると、こちらも通常のローンと同じ扱いで事故歴になってしまいます。

ご自身の**信用情報はJICCやCICといった信用情報機関で開示請求**もできるので、不安な方は事前に取り寄せてみてください。

「借入額と頭金のバランスはどうしたらいいでしょうか？」とご相談いただくことも多いのですが、ファイナンシャルプランナー的な回答だと、「頭金は3割用意しましょう！」となってくるかと思います。

ここからは、不動産をこよなく愛する、「背中のチャック開けたらおっさんが出てくるんじゃないか★投資好き女子」の話として聞いていただきたいのですが、**私は月々**

の返済額に無理がない前提で、基本フルローン推奨派です。

物件購入にかかる諸費用分（物件価格の約10％）も含めたオーバーローンも、銀行によっては貸してくれたりします。

というのもこの低金利時代、金利0.5％程度で借りられ、うまく条件にあてはまれば、住宅ローン減税で、ローン残高の0.7％税控除があるのです（2023年1月現在）。

投資家的な発想だと、その手元に残した分のお金を、もっと年利の高い別の投資に回せばいい。なので、繰り上げ返済も基本的には考えたことはありません。

「キャッシュイズキング！　借りられるなら借りておけ！」なのです。

そして、融資を受ける時に絶対に加入いただきたいのが、「団体生命信用保険」。通称、「団信」です。

返済者が亡くなったり、事故や病気で返済不能になった場合、残債の返済が不要になる「生命保険」の役割を果たしてくれ、チャプター2で「削りましょう」と推奨した保険より費用対効果高く加入できます。

銀行の本承認がおりれば、もう後は最後の仕上げ！

不動産会社もしくは銀行の窓口で、決済当日は最後の書類の確認です。融資が実行されると、売主さんの口座に住宅ローン借先の銀行から残代金が振り込まれます。

着金が確認できた時点で、司法書士さんが、法務局に向かい、所有権を移転すれば、晴れて物件は自分の名義に！

火災保険への加入は、必ずこの引き渡し日を基準に設定しておきましょう。不測の事態が発生したとしても、火災保険に入っていればカバーしてもらえます。

まとめ

**有効な保険も活用しながら、無理のないローンを考えよう。**

レッスン 42

# リフォームでバリューアップを目指す‥見た目大改造

晴れて物件が自分の資産になれば、後はあれもこれも触り放題です。

そして、すごく素敵なのに「髪型や服装が、一部イケてない！」という物件だったとしても、少し手を加えるだけで見違えるように変わります。

ここから格安でリフォームする方法をご紹介しますね！

まず、リフォーム費は、以下の順番で金額が変わります。

**リフォーム会社に丸投げ（価格高）⇓職人さんに発注⇓自分でＤＩＹ（最安）**

リフォーム会社さんにお願いする時は、３社程度に同じ条件で見積もりを取りましょう。

ただ、費用を押し上げる要因は、なんといっても「人件費」！

会社を挟んで関わる人が増えれば増えるほど、費用は上がります。もちろん、間取りを変更するような大幅なリフォームは素人には難しい。

BEFORE

AFTER

超絶不器用な私でも、壁紙を張り替えたりできるので、簡単なＤＩＹであれば皆さんもできることは保証します。

また、リフォームのアフターのイメージを膨らませるために、インテリア会社のショールームに足を運んでみてください！「サンゲツ」や「リリカラ」といったショールームは、壁紙や床材のサンプルが所狭しと並んでいるので、イメージが膨らみます。

「壁紙屋本舗」のように、お洒落なリフォームの部材がオンラインで購入できるサイトも多数存在するので、チェックしてみてください。

「自分でＤＩＹするのではなく、部分的にリフォームしたい」という方には、「くらしのマーケット」の活用がおすすめです。ちょっと壁紙を直したい、水栓を交換したいといった小回りの利く専門業者さんとのマッチングサービスです。

例えば、前ページの写真は私が自宅3号で実施したリフォームなのですが、通常洗面台を交換するとなると10万円以上かかります。それを洗面台は「Ｙａｈｏｏ！ショッピング」で調達（もちろんポイント20％還元の日に購入し、ｐａｙｐａｙに還元されてます♡）、「くらしのマーケット」で「洗面台の交換」で検索し、職人さんに依頼。

そうすることで、５万円程度と半額で実施することができました。

特にヤドカリ投資の場合は、自分が住みながら少しずつ気になった箇所をリフォームしていくことも可能です。どんどんイケメンに育てていけば、後々売ってよし、貸してよしの家に成長していきます。

まとめ

**技術や知識がなくても、工夫次第でリフォーム費は抑えられる！**

レッスン 43

# 賃貸&売却に出すためのコツ

転勤や結婚など、せっかく購入した可愛い物件をさまざまな理由で手放す時がきたとしても、大丈夫！

賃貸に出す場合は、家賃相場を事前にご自身でもしっかりと把握したうえで、近隣の不動産屋さんに入居募集を依頼するといいでしょう。

賃貸に出す場合の注意点は、火災保険に**「施設賠償責任保険」**の特約を追加しておくこと。そうすると、建物が起因した入居者さんのケガや、他人に被害を与えた時に補償してくれます。

最後に売却ですが、**売却の査定は・大手不動産会社や地場の不動産会社複数社に見積もりを取る**といいでしょう。これは、抱える顧客層が違うため、価格に開きが出るケースがあるからです。

また、不動産は保有年数によって売却益に対して課税される税額が変わります。**5年以内は短期譲渡税といって約40%、5年以降は長期譲渡税として約20%が課税される**ので注意！（※年数は1月1日を超えた回数）

自宅においては、3000万円まで税金がかからない特例がありますが、貸し出した場合は自宅とみなされなくなるので、どのタイミングで売却するかもあらかじめ念頭に置いておきましょう。

ここまで、割安物件を購入から活用するまでの一連の流れをお伝えしてきましたが、いかがでしたか？

金額も大きく、最初は怖いかもしれません。それでも、**私は普通の会社員として会社に依存したまま普通の暮らしを継続していくほうが恐怖でした。**

一歩踏み出した後は、30歳から今に至るまで、自宅・投資用問わず、1年に1件ずつ物件を購入し、10年近くかけて、気づけば家賃の手取り収入だけで会社員時代を超えられるようになりました。

「たった2年で10億！」といった華々しい投資実績がある不動産投資家の方からは、まだまだほど遠いなと自分でも思っています。

それでも、「絶対に損しない！」と確信できる物件だけをゆっくり買ってきた私の手法は、忙しい会社員の方でも、自分のペースで進められる再現性があると思っています。

複数物件を買わなくてもいいんです。例えば「結婚するかわからない」という独身の方は自分の家を持っておくだけでも、後々賃貸に出すことで副収入になるでしょう。結婚・育児・介護とライフスタイルが変わりやすい現代こそ、１つ自分の不動産を持っておくと、後々、助けになってくれる。

……男性をアテにするより、豊かさをもたらしてくれる富動産のほうが裏切らないと確信しています。

まとめ

リスクの低い不動産が見極められれば、ゆっくりだとしても着実に豊かさをもたらしてくれる。

コラム

## (5) きっと僕たちも「最小限の力」で「最大の豊かさ」を得ることができる

いかがでしたか？　夢が広がりましたね～！

今思えば、実は僕の小さい頃からの夢は大家さんでした。

でも不動産も、それこそ地主さんやお金持ちがやるものだという思い込みがあったので、こんなに身近に実現している人がいて、嬉しかったです。

あいちゃん曰く、お金は信用力が形になったもの。

起業して情報発信するといったわかりやすく信用をお金に換える手段がなくても、会社員や公務員といった安定した職業についている人は、年収が高くなくたって、それだけで社会的に信用が貯まっています。

そこで、その信用力にレバレッジを効かせてお金を借りることで、不動産が買える。

「株を買いたい！　仮想通貨を買いたい！」と銀行に行っても、お金は貸してもらえないですしね。不動産投資は、投資というより「事業」の側面が強いみたいです。

僕たちは結婚してすぐに、あいちゃんが持っていた1LDKマンションで2人暮らしをしてみたのですが、狭すぎました。

そこで、2人で住む用の物件を探して、中古の3LDKの戸建てを購入し、前の1LDKは貸し出し。そして、諸事情でまた引っ越すことになり、今は賃貸物件に住んでいるのですが、銀行にはきちんと状況を説明して、理解を得たうえで、戸建てのほうも賃貸に出させてもらってます。

あいちゃんは、日々の1円単位のお金を大切にすることで、種銭を作り、まずは自己投資と金融投資を実践しながら、自宅を買ってさらに家賃を大幅にカット、得た売却益で、不動産を買い、家賃収入でまた次の不動産を買ってきました。

「ほかの人がなんと言おうと、私の中で『お金は増えるもの』と断言していたのは、痺れましたね。

あいちゃんを知っている人に「奥さん、すごい人ですね！」と言われることもあります。ですが、夫の僕が言うのもなんですが、あいちゃんは「億女」という名前から連想するバリキャリや意識高い系ではなく、ダラダラと漫画を読んでいる時が至福という、マイペースな普通の女の子です。

しかも体力もないほうで、あまり動き回るのが得意ではありません。

だからこそ「どうしたらそんな自分が最小限の力で最大の豊かさを得られるか」を

いつも考えて、調べ尽くしてから、行動に移してきたんだと思います。

え？　健一さんはなんでまだ不動産投資を始めてないのかって？　僕だって一刻も早くやってみたいんです！

でも、ホラ、クレジットカードを滞納しちゃってたじゃないですか？　だからお金が借りれなくて……（モゴモゴ）。

返済が滞るなどすると、「事故」として取り扱われ、社会的信用が失われてしまいます。

事故歴は約5年で消えるといわれてるので、後数年あいちゃんの横で勉強させてもらいますよ。

次作、『リボ払い借金地獄に陥っていた僕が、不動産投資で億男になった話（仮）』を、楽しみにしていてください（笑）。

エピローグ

# 借金彼氏から夫になったあなたに教えてもらったこと

## 借金をゼロにした彼氏のその後

いかがでしたか？　いつもお金の勉強をしているという方には、少し物足りない内容だったかもしれません。ですが、何か1つでも持ち帰っていただけたら嬉しいです。

なにより「お金に対してチャラ男していた！」という方にも朗報です。

夫は1年で借金を完済した後、本業の収入とそれ以外の収入がだんだんと増え、投資に回せる金額が大きくなっていきました。

そして、4年経った彼個人の金融資産は、出会った時の10倍以上になったのです。

## 〜〜〜 4年前と現在の健一君の資産状況比較 〜〜〜

### 2018年末
### どんどんリボ払い借金が膨らんでいく状態

金融資産：20～30万円
負債　　：250万円（リボ払い借金、奨学金など）
純資産　：-220万円

### 2022年末
### 手残り金を投資に回していける状態

金融資産：400万円
（貯蓄、投資信託、会社持ち株なども含む）
**負債　　：60万円（奨学金のみ）**
純資産　：約340万円

※生活費は完全折半なので、あいからの資産流入はなし

上に、付き合い始めた時と現在の資産状況を一覧にしてみました。驚きの変貌ぶりじゃないですか？

まるで家計を見ていなかった彼が、「お金って大事に見てあげると本当に増えるんだね！」と、毎日のように嬉しそうに証券口座を眺めるようになりました。

彼の投資の運用利回りも5％程度と好調です。

ただし、これはたまたまコロナ禍で金融市場が暴落したタイミングが差しかかった後、市場が元に戻っただけ、という偶然も含みます。

今後、どうなるかはわかりません。でも、彼も投資の原理原則はわかっているため、この先マイナスになる可能性があるのも理解しています。そうした時はたくさん買えていると思うので、後は継続して購入していくのみ！

全くのゼロどころかマイナスだった彼が、ここまで変わったということは、あなたにもできるということです。

「お金について考えることは、人生について考えること」。

お金の扱い方は、鏡を通して自分の生き様を見るようなものなのです。

だからこそ、目を逸らさず、しっかり向き合っていただければと思います。

## ●ともに頑張れば、愛もお金も最大限に巡っていく

「愛かお金か、どちらかしか選べない」「女性が男性より稼ぐと家庭不和が訪れる」

そんな固定概念に囚われていた時もありました。

女性の経済的自立をテーマにお金・結婚について模索してきた今、気づけば投資と起業で会社員時代の何倍もの収入をいただくようになったのですが、驚くほどパートナーシップは良好です。

夫は家事が苦手な私をフルサポートしてくれています。依存はするのもされるのも嫌でしたが、あくまでも私が代表してお金を受け取る窓口になっているだけで、共同創造しているると捉えるようになりました。

夫婦で会社員×個人事業主としてハイブリッドに稼ぐ、そして稼いだお金にまた働いてもらう……令和的夫婦の在り方の1つとして参考にしていただけると嬉しいです。

私自身、生まれつき、特に何か秀でた才能があったわけではありません。

仕事ではくすぶり続け、人格否定の毎日だった最初の結婚から離婚を経験し、何をやってもうまくいかない……人生に絶望したこともありました。

でも、だからこそ諦めませんでした。

持って生まれた環境や能力は変えられない。変えるとすれば、自分への問いを「自分責め」から「どうしたらできるだろう?」に変えること。

「何か方法はないか?」と常に調べ続け、勇気を出して新しい環境へ飛び込み、スモールステップで自分の人生をよりいいものにしてきました。

夫に出会った時に、「また変な人に当たっちゃったよ〜!」と嘆くのではなく、私が人生をリノベーションしてきたように、諦めず1つずつ教えたことが、いつか本を出したいという自分の夢にも繋がったのです。

最後に、大和出版の関係者の皆様、私のような若輩者に出版のお声がけをいただき、根気強く企画編集してくださったこと、本当にありがとうございます。

情報発信をするようになってから、３年弱。

顔出しなしのビジネスネームというハンデがある中、私をここまで連れてきてくれた恩師の皆様、諸先輩方、苦楽を共にした仲間、私を成長させてくれた生徒さん、フォロワーの皆様……億女ＯＬあいは、誰１人欠けていても、今の私の形にはならなかった。１人ひとりお名前を出せず恐縮ですが、この場を借りて、感謝申し上げます。

元同僚であり、現夫であり、時に親友のようでもあるこの物語の主人公健一君にも御礼を。あなたがいなければ、私が起業することも、この本が生まれることもなかった。いつも全力で応援してくれてありがとう。

そして、この本を手に取ってくださったあなたに、心からの御礼を！　どこかでお会いできること、楽しみにしています！

億女ＯＬあい

読者限定巻末特典

億女OLあいから皆様へ

## 本書を購入いただいた読者の方に、「お金の現在地チェックシート」を無料でプレゼント！

また、ほかにも本書限定セミナーなどの特典をご用意していますので、詳しくはこちらのQRコードより、特設サイトでチェックしてくださいね!

https://okujoolai.com/

そのほか最新の情報は公式LINEより。
ぜひ、私とつながってください!

※上記のプレゼントはインターネット環境が必要となります。
※上記に関するお問い合わせは、億女OLあい事務局までとなりますこと、ご了承ください。
※読者限定特典の内容は変更の可能性、また、事前の予告なく終了する可能性があります。

# 億女《おくじょ》が借金《しゃっきん》彼氏《かれし》を“お金《かね》持《も》ち体質《たいしつ》”にした話《はなし》

資産がみるみる増えていく43のレッスン

2023年 2月28日　初版発行

著　者……億女《おくじょ》OLあい
発行者……塚田太郎
発行所……株式会社大和出版
東京都文京区音羽1-26-11　〒112-0013
電話　営業部03-5978-8121／編集部03-5978-8131
http://www.daiwashuppan.com
印刷所……信毎書籍印刷株式会社
製本所……株式会社積信堂
装幀者……山田知子＋門倉直美（chichols）
装画者……畠山モグ


ISBN978-4-8047-1895-8

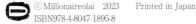